Wolfgang Gies

Das große Werkbuch Heilige

Wolfgang Gies

# Das große Werkbuch Heilige

## Geschichten, Lieder, Gottesdienste und Spiele für Kindergarten, Schule und Gemeinde

Mit Illustrationen von Bärbel Witzig

HERDER
FREIBURG · BASEL · WIEN

Alle Rechte vorbehalten – Printed in Germany
© Verlag Herder Freiburg im Breisgau 2006
www.herder.de

Trotz intensiven Bemühens konnte in einigen Fällen
die Quellenangabe nicht ausfindig gemacht werden.
Für Hinweise sind Autor und Verlag dankbar.

Die Fotos, soweit nicht anders gekennzeichnet, sind entnommen:
Herder-Fotoarchiv, Freiburg im Breisgau

Umschlaggestaltung: Finken & Bumiller
Titelbild: Bärbel Witzig
Satz- und CD-ROM-Gestaltung: SatzWeise, Föhren

Herstellung: fgb · freiburger graphische betriebe
www.fgb.de

Gedruckt auf umweltfreundlichem,
chlorfrei gebleichtem Papier
ISBN-13: 978-3-451-29185-2
ISBN-10: 3-451-29185-1

# Inhalt

# Einleitung
# Zum Anliegen des Buches

Kein Heiligenlexikon soll es sein, sondern eine vielseitige Ideensammlung »rund um den Heiligenschein«, mit der es gelingen kann, die großen Heiligen der Kirche im Raum von Kindergarten, Schule und Gemeindepastoral ins Spiel und neu ins Gespräch zu bringen. Das Niveau ist dabei breit angelegt und will entsprechend ausgewählt oder der Zielgruppe angepasst werden.

Im Laufe des Jahres werden nur wenige Heilige ausgewählt und unter sieben Aspekten vorgestellt, die typisch sind für das Wirken des Heiligen Geistes im Menschen. Sie sind zeitlos gültig und machen Kinder auf ihre eigenen Talente aufmerksam. Durch die Reduktion auf exemplarische Beispiele soll ein Interesse geweckt und ein Grundverständnis angebahnt werden für das, was wir im Gedenken an die großen Zeugen des Glaubens in der Kirche hoch und heilig halten. Das schließt die Heiligkeit mit ein, zu der jeder Christ kraft der Taufe berufen ist: »Alle, die sich vom Geist Gottes leiten lassen, sind Kinder Gottes« (Römer 8,14; Galater 5,18).

Wecken wir ein Gespür bei Kindern für das vielfältige Erbe des Gottvertrauens und der Barmherzigkeit, wie es uns die großen Gestalten der Kirchengeschichte hinterlassen haben. Unter ihnen treffen wir Arm und Reich, Jung und Alt, Männer und Frauen, Mächtige und Opfer, wohl auch manchen Träumer und Narren, die je auf ihre Weise Gottes Wort lebten und erfahrbar machten. Jesus selbst steht dabei im Zentrum als »Quell' aller Heiligkeit«.

Nicht die legendenhaften Elemente sind es, auf die es ankommt, sondern die darin bewahrten Erfahrungen dieser großartigen Menschen mit ihrem unerschütterlichen Gottesglauben. Darin erscheinen sie auch in kritischer Würdigung aus heutiger Sicht von bleibendem Wert als Glaubenszeugen.

Das Buch bietet zum einen Informations- und Impulsmaterial zu einzelnen Heiligen vom Quiz bis zum Gottesdienst. Zum anderen ermöglicht es eine Einführung in die Heiligenverehrung und das darum rankende Brauchtum. Die beiliegende CD-Rom mit Texten, Kopiervorlagen usw. soll die Arbeit mit dem Buch erleichtern. Ich wünsche, dass das Buch mit seinen vielfältigen Vorschlägen etwas von der Überzeugungskraft der Heiligen spürbar macht!

*Wolfgang Gies*

# 1. Den Namenstag feiern

*Herzlichen Glückwunsch zum Namenstag!*

Am Anfang steht der eigene Namenstag, der Gedenktag des oder der Heiligen, auf deren Namen ein Kind getauft wurde. In katholisch geprägten Regionen ist dieser Tag traditionell wichtiger als der Geburtstag. Er ist sicher der erste Berührungspunkt des Kindes mit dem Heiligenkult. Früher wurde dem Neugeborenen oft der Name des Heiligen, an dessen Gedenktag es zur Welt kam oder getauft wurde, als Name oder Beiname gegeben. Martin Luther zum Beispiel wurde am 11. November nach dem heiligen Martin von Tours getauft.

Die Vorstellung, dass der Name eine prägende Wirkung auf seinen Träger ausübt, hat tiefe Wurzeln auch außerhalb der christlichen Tradition: »Nomen est omen«, sagt ein Sprichwort. Der Name soll ein gutes Vorzeichen sein für das ganze Leben. Der Name eines Heiligen kann dem Namensträger Lebenszuversicht aus christlicher Glaubensüberzeugung zusprechen.

Stil und Gehalt der Heiligenverehrung müssen sich natürlich den veränderten Sichtweisen heute anpassen, wobei im Sinne des II. Vatikanischen Konzils eine kritische Distanz zur Volksfrömmigkeit gewahrt bleiben darf. Durch die konsequente Verknüpfung der Heiligenverehrung mit biblischen Motiven und mit Jesus Christus selbst bleibt das Brauchtum fest verankert in der Glaubensüberlieferung. Im ökumenischen Geist und in multikultureller Öffnung sollten auch vorbildliche Persönlichkeiten der Weltgeschichte sowie anderer Religionen in das Andenken einbezogen werden.

## Ideenbaum zum Namenstag

- **Namenstagskalender**

In einem gemeinsam gestalteten Wandkalender markiert zum Jahresbeginn jeder seinen Geburts- und wenn möglich Namenstag mit Hilfe eines Fotos, eines gemalten Symbols oder des eigenen Namenszuges. Am Namenstag feiert die Gruppe dann eine kleine Andacht, in der der Heilige vorgestellt und sein Lebenswerk kindgemäß gewürdigt wird. Zusätzlich werden Patronatstage, Kirchweih und große Heiligengedenktage eingetragen.

- **Internet-Ressourcen**

Unter http://www.heilige.de/ kann man seinen Vornamen oder den eines Heiligen eingeben und wird automatisch auf die entsprechende Informationsseite verwiesen. Dabei werden oft auch ähnliche Namen zugeordnet, wenn der Eigenname erst von einem Heiligennamen abgeleitet werden muss. Wer will, kann sich eine Namenstagsurkunde ausdrucken lassen mit einem kurzen Steckbrief des Patrons. Weitere Links:
http://www.heiligenlexikon.de/ oder: http://www.internetseelsorge.de.

- **Namenstagskerze**

Am Namenstag eines jeden Kindes wird eine große Jesuskerze entzündet. Das Namenstagskind darf seinen Namen als Monogramm mit Zierwachs darauf modellieren oder eine eigene Namenstagskerze gestalten und auf ein großes Brett oder eine Baumscheibe neben die Jesuskerze stellen, so dass im Laufe des Jahres der Kerzenkranz weiter wächst und immer heller wird. Zum Allerheiligentag werden alle Kerzen entzündet.

- **Namenstagsgeschichte**

Das Namenstagskind bekommt als Geschenk eine Geschichte erzählt, die möglichst einen Bezug zum Patron oder zur Patronin herstellt. Das kann eine entsprechende Legende, aber auch eine Geschichte von heute sein, die von einem guten Herzen, einer engagierten Tat zu erzählen weiß oder eine besondere Tugend hervorhebt, die eine Brücke zum Lebenswerk des Namenspatrons schlägt. Anschließend spielen wir die Geschichte, erzählen sie nach oder gestalten dazu ein Bild oder eine Bilderfolge.

- Möglichkeiten zur Präsentation einer Heiligengeschichte
- In der Mitte des Kreises liegt das Buch, aus dem eine Geschichte erzählt werden soll. Der Erzähler hebt das Buch auf, setzt sich auf einen besonderen Erzählstuhl und trägt die Legende oder Geschichte möglichst frei vor.
- In der Mitte steht die Figur, ein Bild oder auch nur der Name des Heiligen, dessen Gedenktag begangen wird. Nach einer gemeinsamen Betrachtung werden Erinnerungen zu diesem Heiligen rundherum in Wort, Bild oder Text gesammelt.
- Ein Spruchband oder eine Karte mit einem typisierenden Ausspruch der heiligen Person wird groß in die Mitte gelegt, als Folie an die Wand projiziert oder im Kreis herumgereicht. Dann tauschen wir uns darüber aus, bevor wir mehr von ihr in einem Erzählvortrag erfahren.
- An Lernstationen werden Informationsmaterialien zu verschiedenen Aspekten einer großen Persönlichkeit ausgelegt, in Freiarbeit aufgearbeitet und am Ende zusammengetragen: Was haben wir über die Person in Erfahrung bringen können?
- Man bedient sich einer Handpuppe und erzählt entweder im Dialog mit ihr oder aus der Perspektive der Handpuppe eine Geschichte über einen großen Heiligen: Ein Räuber erzählt von Franziskus, der Bettler erinnert sich an Martin.
- Eine Legende wird erzählt und dann gemeinsam nachgestaltet (malen, spielen, Klangspiel, Pantomime …). Aus der Nachgestaltung entsteht vielleicht ein Baustein für eine Andacht.
- Eine bekannte Heiligengeschichte wird neu inszeniert (Mantelteilung, Petrus verleugnet Jesus dreimal am Feuer). Dies kann zunächst in freier Erzählform geschehen, die dann in Szene gesetzt und im Spiel neu gedeutet und aktualisiert wird.
- Die Biografie oder Legende eines Heiligen wird zuvor von einer Gruppe erarbeitet und in Form einer Bildergeschichte, eines szenischen Spiels, mit Stabpuppen oder einer Power-Point-Animation ausgestaltet und entsprechend vorgestellt.
- Zuerst wird eine biblische Geschichte erzählt, die das Lebenswerk eines Heiligen begründet: Weltgerichtsrede, Bergpredigt, Gastmahl der Armen, Barmherziger Samariter. Dann erst wird die Wirkungsgeschichte eines exemplarischen Menschen dazu erzählt, der die Botschaft der Bibel in seinem Leben umsetzte.
- Eine Problemgeschichte aus der Alltagswelt der Kinder heute wird erzählt (Streit, Frage nach Gott, Nächstenliebe, Armut). Erst dann wird mit einem Heiligen ein christliches Wert- und Handlungsmuster vorgestellt, das vorbildlich wirkt und herausfordert, es auf die heutige Zeit zu übertragen.

- **Gute Eigenschaften**

Das Namenstagskind schreibt seinen Namen mit großen Blockbuchstaben von oben nach unten auf eine Tapetenrolle. Die anderen Kinder ergänzen reihum zu jedem Buchstaben des Namens eine gute Eigenschaften oder besondere Fähigkeiten des Beglückwünschten.

g U tmütig

net T

E hrlich

- **Mann/Frau der Woche**

Jede Woche (oder jeden Monat) wird eine große Persönlichkeit vorgestellt (Wand-, Schulzeitung, Unterrichtsbaustein). Dabei dürfen durchaus nicht nur »echte« Heilige, sondern auch andere vorbildliche Menschen gewürdigt werden: Martin Luther King, Ruth Pfau, Karl-Heinz Böhm, Nelson Mandela, Sophie Scholl oder »local heroes«, die sich besondere Verdienste etwa im selbstlosen Einsatz für andere erworben haben.

- **Steckbrief**

Kinder erhalten den Auftrag, zum Namenstag oder Geburtstag einen kleinen Steckbrief von ihrem Patron oder einem anderen selbstgewählten Vorbild vorzustellen. Im Laufe eines Jahres sammeln sich diese in einem »Buch der großartigen Menschen«. Zum Gedenktag kann dann jeweils ein solcher Steckbrief vorgestellt werden – auch im Rahmen einer kleinen Andacht. Dabei darf natürlich auch anderen großen Persönlichkeiten nachgegangen werden, die nicht aus der katholischen Heiligentradition stammen.

- **Eine Andacht zum Namenstag feiern**

Liegt die Kirche im Nahbereich, könnte man sie zum Namenstag eines Kindes aufsuchen und dort eine kleine Andacht feiern, eine Kerze entzünden oder eventuell – je nach Situation – Hinweise auf den Patron in der Kirche suchen (Apostelkerzen, Marienaltar, Reliquien im Altarstein, Fensterbilder oder Fresken, Skulptur oder Texte und Lieder im Gotteslob). Dazu bieten sich auch die großen Gedenktage der Heiligen an, die regional oder im Kirchenjahr traditionell besondere Aufmerksamkeit finden: St. Martin, Nikolaus oder der Patron der Einrichtung, der Kirchengemeinde oder Stadt.

**Mein Namenspatron:** . . . . . . . . . . . . . . . . . . . . . .

**Mein Namenstag:**

**Lebensdaten:**   * . . . . . . . . . . . . . . . .   † . . . . . . . . . . . . . . . . . .

**Lebensraum:**     . . . . . . . . . . . . . . . . . . . . . . . . . .

**Das weiß ich über meinen Namenspatron:**

. . . . . . . . . . . . . . . . . . . . . . . . . . . . . . . . . . . . . . . . . . . . . . . . . . . . .

. . . . . . . . . . . . . . . . . . . . . . . . . . . . . . . . . . . . . . . . . . . . . . . . . . . . .

. . . . . . . . . . . . . . . . . . . . . . . . . . . . . . . . . . . . . . . . . . . . . . . . . . . . .

. . . . . . . . . . . . . . . . . . . . . . . . . . . . . . . . . . . . . . . . . . . . . . . . . . . . .

. . . . . . . . . . . . . . . . . . . . . . . . . . . . . . . . . . . . . . . . . . . . . . . . . . . . .

. . . . . . . . . . . . . . . . . . . . . . . . . . . . . . . . . . . . . . . . . . . . . . . . . . . . .

. . . . . . . . . . . . . . . . . . . . . . . . . . . . . . . . . . . . . . . . . . . . . . . . . . . . .

. . . . . . . . . . . . . . . . . . . . . . . . . . . . . . . . . . . . . . . . . . . . . . . . . . . . .

> *Wenn du weitere Informationen findest, leg eine Kopie oder einen Ausdruck dazu!*
> *Hier kannst du dir zum Beispiel deine Namenstagsurkunde ausdrucken:*
> *http://www.heilige.de/*

## Andenken halten = Andacht feiern

Am Namenstag eines Kindes oder zum Gedenktag eines großen Heiligen feiern wir eine Andacht. Die Mitte wird mit einem Bild, Symbol oder Attribut des Heiligen und einer Namenstagskerze gestaltet.

**Lied**  Ihr seid das Salz der Erde (TfG 620/621),
Wo zwei oder drei (TfG 95)

### Eröffnung

Wenn wir in den Kalender schauen, finden wir dort Namen großartiger Menschen. Heilige nennen wir sie in der Katholischen Kirche. Eine(n) von ihnen stellen wir heute in den Mittelpunkt:

*Je nach Gedenktag wird hier der Tagesheilige vorgestellt, sein Lebenswerk gewürdigt oder eine Legende kindgemäß erzählt, eine kleine Spielszene versucht, Bilder gemalt usw.*

### Impulse für Sprechsteinrunden oder Schreibegespräch

*Die Impulse werden ggf. auf Papierstreifen oder Packpapierbögen geschrieben, so dass die Teilnehmer still ihre Sichtweisen und Kommentare zu den einzelnen Aspekten aufschreiben und am Ende auswerten können.*

- Was gefällt mir an diesem Menschen?
- Was wundert mich daran?
- Was bleibt für mich fragwürdig?
- Worin kann er mir Vorbild sein?

### Segensgebet

Herr Jesus Christus! Du warst für *(Name der/des Heilige)* Lebensmittelpunkt. Du willst auch uns heute Mitte sein. Lass uns den Tag auf die Fürsprache und nach dem Vorbild des/der *(Name)* unter deinem Segen froh angehen. Dazu segne uns.

**Lied**  Selig seid ihr (TfG 622 f) oder Halleluja (Taizé)

# 2. Die schöpferische Kraft

*Am Tag des jüngsten Gerichts trat ein Mann vor seinen Schöpfer, streckte ihm stolz beide blitzsauberen Hände entgegen und sagte zufrieden lächelnd: »Schau, Herr, meine Hände sind rein!« »Das sehe ich wohl«, antwortete der Erhabene, »aber sie sind leer.«*

»Veni creator spiritus«, komm, Schöpfer-Geist, so heißt es in einem alten Lied. Gottes Geist weckt im Menschen ungeahnte Kräfte und Fähigkeiten zur kreativen Gestaltung seines Lebens, auch in uns heute.

Stellen wir uns das Leben vor als ein unbeschriebenes, weißes Blatt, das vom Tag der Geburt an zu einem möglichst schönen Bild ausgestaltet werden will. Es soll sich von den grauen, eintönigen Alltagsbildern deutlich abheben. Wie ein Künstler vor seiner Staffelei mit jedem Pinselstrich, jedem Farbtupfer eine neue, kreative Bildwirklichkeit entstehen lässt, so wird auch unser Leben Schritt für Schritt entwickelt. Wie ein Künstler nach dem ihm eigenen, einzigartigen Ausdruck seiner inneren Vorstellungen strebt, so setzen auch wir unsere Kreativität und Gestaltungsfähigkeit ein, wohl wissend, dass ein gutes Bild auch Schatten und dunkle Töne, Widersprüche und Spannungen braucht – und stets einen schöpferischen Geist als Inspiration.

## Ideenbaum zur kreativen Entfaltung

In jedem, nicht nur in den großen Heiligen, schlummern Talente und Energien, die Welt schöpferisch zu gestalten, und seien sie auch noch so unscheinbar. Die besten Ideen und Vorstellungen entstehen dabei spontan und vollenden sich erst allmählich beim Ausführen.

- **Kreativ werden**

Jeder erhält ein weißes Blatt (min. DIN A3) und legt es vor sich auf den Tisch. Fingerfarben oder Wachskreiden stehen bereit und bei Bedarf leise Hintergrundmusik. Wie gehen wir jetzt um mit dem »unbeschriebenen Blatt«? Es fordert dazu heraus, etwas darauf zu schreiben, zu malen oder etwas damit zu gestalten. Wie soll man das anfangen? Das bleibt jedem überlassen, denn darum geht es ja gerade. Bevor wir zur Farbe greifen, halten wir eine kleine Besinnung, werden ganz still und kommen zur Ruhe. Ohne Themenvorgabe ist die Aufgabe am reizvollsten. Bei einer Wiederholung können auch thematische Impulse gegeben werden, die die Fantasie beflügeln oder bündeln. Jeder darf so lange geduldig warten, bis seine Hand zur Farbe drängt. Jeder soll seinen eigenen Ausdruck finden und so lange mit Farben, Bewegungen und Formen spielen, wie er möchte, ohne Zeitdruck.

Am Ende schauen wir uns die Schöpfungen an. Wer möchte, darf sein Bild den anderen in einer Auswertungsrunde stumm oder mit einem kleinen Kommentar vorstellen. Rückfragen sind sicher sinnvoll, auch Deutungsversuche von anderen aus dem Kreis, solange sie die *eigene* Sichtweise betreffen: »Für mich sieht das so aus, …«, oder: »Ich sehe für mich darin …«. Auf den »Künstler« bezogene Deutungen sollten unterbunden werden.

Als Hilfe können die Impulskarten genutzt werden. Sie können einzeln ins Gespräch gebracht, offen oder verdeckt ausgelegt oder in Kopie als Ideenblatt jedem gegeben werden, um Sprechimpulse daraus abzulesen. In großen Gruppen können die Impulskärtchen auf mehrere Tische verteilt Murmelgruppen oder Schreibgespräche anregen. Am besten wird ein Redestab oder Sprechstein herumgereicht, damit jeder einmal zu Wort kommt. Niemand wird gezwungen, etwas zu sagen, auch unausgesprochene Worte sind wirksam und führen zum Nachdenken.

# Impulskarten zum Kopieren und Ausschneiden

| | | |
|---|---|---|
| Kann man mit geschlossenen Augen Bilder sehen? | Welche Gedanken gingen dir durch den Kopf? | Was hast du zuerst auf dein Blatt gemalt? |
| Wie bist du vorgegangen? | Welche Widerstände spürtest du beim Malen? | Vergleicht die Bilder untereinander! |
| Woher kamen eigentlich die Ideen zum Malen? | Was möchtest du an deinem Bild noch ändern? | Was gefällt dir besonders gut? |
| Wie könnte dein Bild heißen? | Woran lassen dich die Bilder denken? | Gab es Zufälle beim Malen? |
| Welche Geschichte fällt dir zu einem Bild ein? | Kommt etwas von dem Bild in deinem Leben vor? | Hast du Klänge zu dem Bild im Ohr? |

## Eine Andacht halten

*Die Malidee (S. 16) kann in diese Andacht einfließen.*

**Lied**  Du kannst der erste Ton (TfG 704)

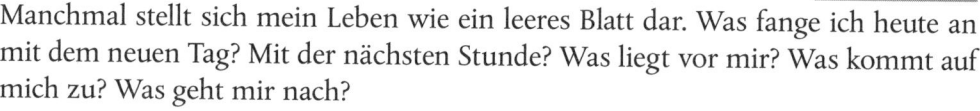

### Impuls

Manchmal stellt sich mein Leben wie ein leeres Blatt dar. Was fange ich heute an mit dem neuen Tag? Mit der nächsten Stunde? Was liegt vor mir? Was kommt auf mich zu? Was geht mir nach?

Wäre mein ganzes Leben ein einziges Bild, wie stelle ich es mir vor? Wo sind schöne Farben, wo dunkle darin vermischt? Wie sind Licht und Schatten verteilt? Wo ist der Mittelpunkt in meinem Leben und was liegt am Rande? Was stört mich? Wer gehört mit ins Bild? Was darf nicht fehlen?

Bei der Taufe legte man dir ein weißes Kleid auf: Wie ein unbeschriebenes Blatt wurdest du vor Gott getragen. Dein Leben als Kind Gottes nahm seinen Anfang. Nach seinem Bilde bist du, vorgezeichnet von seiner Hand. Du darfst es ausgestalten.

### Schriftwort (Auswahl)

- Die Seligpreisungen (Matthäus 5,3–12)
- Das Gleichnis vom Sämann (Lukas 8,4–8)
- Von den Arbeitern im Weinberg (Matthäus 20,1–16)
- Vom anvertrauten Geld (Matthäus 25,14–30)

### Gesprächskreis

*Z. B. Bibelteilen (vgl. S. 74).*

### Nachgestaltung

*Gemeinsam ein fantasievolles Bild, ein Standbild oder eine Pantomime, ein Bodenbild, ein Plakat oder ein Szenenspiel zum Schriftwort gestalten.*

**Lied**  Wenn der Geist sich regt (TfG 67), Vom Aufgang der Sonne (TfG 136)

*Dazu kann die Gruppe Bewegungen entwickeln für einen meditativen Tanz.*

2. Die schöpferische Kraft

## 2.1 Maria, die Mutter Jesu

1.

Januar

*Hochfest Mariens, der Namengebung des Herrn*
*Lebensdaten: um die Zeitenwende*
*Lebensraum: Nazaret in Galiläa*

Fra Angelico, Mariä Verkündigung, um 1435

Wenn wir von Maria hören, denken wir zuerst an Weihnachten: Jesus als kleines Kind in der Krippe oder auf dem Schoß seiner Mutter. Doch schon vor Jesu Geburt hören wir von ihr: Ein Engel hatte ihr verheißen, dass Gott sie unter allen Frauen ausgewählt hat, dass sie ein Kind bekommen wird und ihm den Namen Jesus (= Gott hilft) geben soll. Die Frau aus Nazaret öffnete sich dem schöpferischen Geist Gottes.

Maria stand ihrem Sohn in allen entscheidenden Stunden zur Seite: in der Kindheit, am Anfang seines öffentlichen Auftretens bei der Hochzeit zu Kana, am Ende unter dem Kreuz. Nicht nur ihre Mütterlichkeit, sondern ihre einzigartige Beziehung zu Gott ist der eigentliche Grund, dass sie seit über 2000 Jahren so sehr verehrt und mit Ehrentiteln bezeichnet wird: Mutter Gottes, Magd des Herrn, Königin des Friedens, Mutter der Barmherzigkeit, Morgenstern, Meerstern, Himmelskönigin. Am Anfang war sie ein unbeschriebenes, weißes Blatt, auf das Gott selbst ein leuchtendes Lebensbild entwarf und ausmalte. Dabei kommen auch dunkle Farben vor – Erfahrungen von Leid und Trauer.

# Ideenbaum zur Marienverehrung

Die Gestaltungsideen ranken um die Marienverehrung. Anlass dazu bietet das Marienjahr nicht nur zum 1. Januar, dem Hochfest Mariens.

- **Marienfeiertage der katholischen Kirche**

Wir suchen in einem entsprechenden Jahreskalender nach Marienfesten und fragen nach ihrer Bedeutung. Wo finden wir Hinweise und Informationen dazu? Oma und Opa? Eltern? Pfarrer? Bücher? Das Internet kann uns dabei helfen: http://www.festjahr.de/festtage.

Aus diesen Informationen stellen wir eine kleine Informationskartei für die Pfarrbücherei, den Schriftenstand in der Kirche oder als Lerntheke für die Schule zusammen.

| 1. Januar | Mutterschaft Mariens |
|---|---|
| Das Konzil von Ephesus (431) verlieh Maria den Ehrennamen »Gottesgebärerin«. Als man 1931 den 1500. Jahrestag dieses Konzils feierte, erklärte Papst Pius XI. ihn zum Festtag der Mutterschaft der allerseligsten Jungfrau Maria. Später ging dieses Fest im Hochfest der Gottesmutter Maria auf, das immer am 1. Januar gefeiert wird. Damit ehrt die Kirche Maria als die Frau, die Jesus, Gottes Sohn, das menschliche Leben schenkte, und feiert sie als Mutter Gottes. | |

| 1. Jan. | Hochfest der Gottesmutter Maria/Namensgebung des Herrn |
|---|---|
| 2. Feb. | Darstellung des Herrn im Tempel (Mariä Lichtmess) |
| 25. März | Verkündigung des Herrn (Mariä Verkündigung) |
| 2. Juli | *Mariä Heimsuchung* |
| 15. Aug. | Mariä Aufnahme in den Himmel (Mariä Himmelfahrt) |
| 22. Aug. | Maria Königin |
| 8. Sept. | Mariä Geburt |
| 12. Sept. | Mariä Namen |
| 8. Dez. | *Hochfest der ohne Erbsünde empfangenen Jungfrau Maria* |

- **Marienbilder kennenlernen**

In Ephesus wurde zur Zeit Jesu ein wundertätiges, heidnisches Bild der griechischen Göttin Artemis verehrt. Ihm setzten später die ersten Christen das Bild der Mutter Jesu gegenüber. Hier ist wohl der Ursprung der weit verzweigten bildorientierten Marienfrömmigkeit mit den uns heute geläufigen Marienbildern zu suchen.

Wir tragen bekannte Mariendarstellungen zusammen. Sie werden in der Mitte oder auf einem Tisch ausgestellt: Ikonen, Marienbilder, ein Rosenkranz, Marienfigur, Krippe, ein Medaillon oder ein Buch. Wir ordnen sie nach den Motiven oder in zeitlicher Reihenfolge nach dem Leben Jesu.

- **Wandfries**

Anhand einer Bildergalerie mit ausgewählten Marienbildern (Mediothek) suchen wir die dargestellten Motive in der Bibel. Welche Geschichten kennen wir schon? Wir lesen sie nach, erzählen oder malen sie im Laufe des Jahres zu den Marienfesttagen. Daraus entsteht ein großer Wandfries.

Geschichten von Maria finden wir z. B. bei Matthäus 1–2; Lukas 1–2; Johannes 2,1; 19,25–28; Markus 6,1–6a; Matthäus 13,55; Apostelgeschichte 1,14.

- **Geborgen in Mamas Arm**

Kinder bringen Bilder aus dem Fotoalbum mit, auf denen sie als Baby mit der Mama zu sehen sind, betrachten sie und vergleichen sie mit Fotos aus Illustrierten, auf denen Mütter aus aller Welt mit ihren Kindern auf dem Arm abgebildet sind. Dabei drängt sich der Vergleich mit dem bekannten Marienmotiv auf. Wir fragen nach der verbindenden Klammer solcher Motive und entdecken die Vielfalt und Vielschichtigkeit der sozialen Verhältnisse, in denen Mütter mit ihren Kindern zu aller Zeit überall in der Welt leben.

- **Das Angelus-Geläut**

Man kann Hinweise auf Maria sogar jeden Tag hören: zum Angelus-Geläut (seit 1456, siehe »Engel des Herrn«, Gotteslob Nr. 2,7). Wir nehmen uns fest vor, bewusst auf diese Einladung vom Glockenturm zu achten.

- **Meine Madonna**

Aus Knete, Salzteig oder Ton kann jeder eine Madonna gestalten (etwa für einen Maialtar oder einen »Herrgottswinkel«). Dabei sollte die Grundfigur aus einem Stück herausgearbeitet, nicht aus mehreren Einzelteilen zusammengesetzt werden. Dadurch kann man leichter ein Gefühl für durchgängige Körperformen entwickeln. Außerdem vermeidet man die Enttäuschung, wenn angesetzte Teile keine feste Verbindung finden und beim Trocknen oder spätestens beim Brennen abspringen.

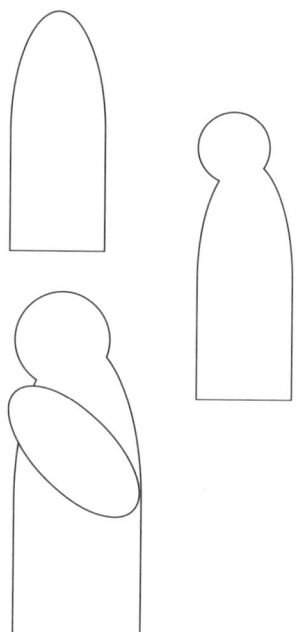

Rollt den Ton zuerst auf einem feuchten Tuch zu einem Zylinder und drückt am oberen Ende eine Halskrempe ab, so dass sich eine Kopfsilhouette bildet.

Dann wird der Körper in Brusthöhe etwas gestaucht, so dass sich eine Wölbung nach allen Seiten ergibt, aus der man dann vorne einen ovalen Baby-Körper, an den Seiten die Armwulste herausarbeiten kann.

Die Silhouette wird dann mit feuchten Fingern und leichtem Druck solange »gestreichelt«, bis sie eine elegante, geschwungene Gestalt bekommt.

### Variante

Man kann eine Marienfigur auch aus Naturmaterialien (Tannenzapfen, Kastanien, Steine, Aststücke), Moosgummi, Filz oder Kork gestalten. Blumenbindedraht oder Heißkleber helfen, feste Verbindungen zu schaffen. Als Grundlage dienen ein Brett, ein flacher Stein oder eine Baumscheibe. Oder man überzieht eine Flasche streifenweise mit in Wasser getauchten Gipsbinden aus der Apotheke und formt sie zu kleinen Madonnenfiguren aus.

### • Rosette

Wir kleben ein rund ausgeschnittenes Marienbild in die Mitte eines großen Zeichenpapiers. Außen herum malen wir in eine Rosette im Uhrzeigersinn weitere Motive aus ihrem Leben, die wir nachlesen oder im Laufe des Jahres zu den verschiedenen Marienfeiertagen hören. Die Grundform kann auch mit Rosen oder abstrakt mit bunten Farben ausgemalt oder gelegt werden.

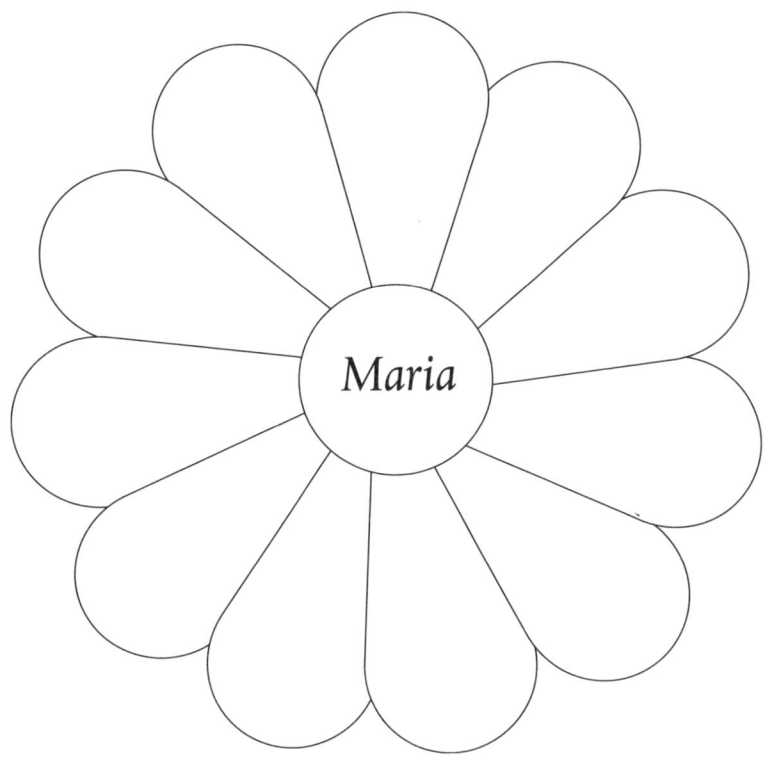

- **Marienfenster**

Nach dem gleichen Muster gestalten wir ein Marienfenster. Dazu malt jedes Kind eine Lamelle der Rosette (auf DIN-A4 Format vergrößert) aus oder beklebt die ausgeschnittene Innenfläche der Lamellenform überlappend mit Transparentpapierschnipseln. Abschließend werden die Lamellen einzeln laminiert, zugeschnitten, zu einer großen Rosette zusammengesetzt und auf eine Fensterscheibe geklebt.

- **Das Ave Maria**

Der Text des Ave Maria wird mit einem Bild aus dem Leben Marias oder Jesu, einer Bitte, einem Vorsatz für den Tag, einem Dank gestaltet.

*Gegrüßet seist du,*
*Maria,*
*voll der Gnade,*
*der Herr ist mit dir.*
*Du bist gebenedeit\**
*unter den Frauen,*
*und gebenedeit ist*
*die Frucht deines Leibes,*
*Jesus:*

*Heilige Maria,*
*Mutter Gottes,*
*bitte für uns Sünder*
*jetzt und in der Stunde*
*unseres Todes.*
*Amen.*

*\*gesegnet*

- **Den Rosenkranz kennenlernen**

Zunächst schauen wir uns die äußere Form an, die als Gebetshilfe dient. Man legt in großen Gruppen dazu einen Rosenkranz auf den Tageslichtschreiber, um die Funktion der Perlen zu erläutern. Auf eine Nylonschnur fädeln wir selbst geformte Perlen oder Naturprodukte (rote Bohnen, Erbsen oder kleine Kastanien) auf. Es reicht eine Zehnerkette mit einer freigestellten Vaterunser-Perle. Dann bereiten wir ein Rosenkranzgebet vor, indem wir z. B. zu der Rosette mit Bildern aus dem Leben Marias kleine Gesätze (von dem Grundwort »Satz« abgeleitet) überlegen. Die Frage: »Wann beten Menschen den Rosenkranz?«, führt uns zum Sinn und Anlass des Betens. Im Gotteslob Nr. 33 findet sich der traditionelle Text.

- **Besuch bei der Mutter Gottes**

Im Marienmonat Mai gehen wir gemeinsam in die Pfarrkirche und schauen uns dort um. Was erinnert uns hier an Maria? (Fenster, Kreuzweg usw.) Dann gehen wir zum Marienaltar, sprechen ein Mariengebet oder singen ein Marienlied, feiern eine kleine Marienandacht oder zünden ein Gedenklicht an. Dabei geht es darum, verschiedene Formen der Marienfrömmigkeit als Bereicherung zu erfahren.

- **Maialtar gestalten**

Von dem Besuch des Marienaltars in der Kirche angeregt gestalten wir einen kleinen Maialtar im Raum oder im Freien mit verzierten Kerzen, Bildern, Blumenschmuck oder aus Blütenblättern oder anderen Symbolen, die wir mit Maria verbinden. Eine größere Gruppe kann in Gemeinschaftsarbeit ein Mosaik aus kleinen Krepppapier-Rosen legen.

- **Besuch eines Wallfahrtsortes**

Bei einem Ausflug an einen Wallfahrtsort in der Nähe schauen wir uns um, lernen Lieder, Gebete, Riten und Brauchtum kennen und begegnen Menschen, die eine besondere Verehrung für Maria pflegen. Dazu gehört natürlich auch bei älteren Kindern eine kritische Auseinandersetzung mit übertriebenem Kult, magischem Denken oder angeblichen Himmelserscheinungen.

# Eine Marienandacht feiern

**Lied**   Sagt an, wer ist doch diese (Gotteslob 588)

## Einführung

Da steht in der Bibel ein starker Text, den wir so wohl gar nicht dort vermuten, erst recht nicht aus dem Mund der zarten Maria. Doch sie glaubt fest daran, dass sich die Verhältnisse zum Guten wandeln können, weil Gott es will. In dieser Zuversicht öffnet sie sich dem Wort Gottes: »Mir geschehe, was du mir zugesagt hast« (Lukas 1,20). Dabei stellt sie sich Gott ganz als Wegbereiterin eines neuen Himmels und einer neuen Erde zur Verfügung.

## Schriftwort: Lukas 1,46–53

(1) Meine Seele preist voll Freude den Herrn,
(2) mein Geist ist voll Jubel über Gott, meinen Retter.
(3) Denn er hat gnädig auf mich, seine Magd, geschaut.
(4) Von nun an preisen mich alle Menschen glücklich.
(5) Denn der Mächtige hat an mir Großes getan;
(6) sein Name ist heilig.
(7) Er schenkt sein Erbarmen allen, die ihm in Ehrfurcht dienen.
(8) Sein starker Arm vollbringt gewaltige Taten:
(9) Er macht die Pläne der Stolzen zunichte;
(10) er stürzt die Mächtigen vom Thron und bringt die Armen zu Ehren;
(11) er beschenkt mit seinen Gaben die Hungrigen,
(12) die Reichen aber schickt er mit leeren Händen fort.

**Lied**   Mit Maria preist den Herrn (TfG 540)

## Nachgestaltung

*Die einzelnen Verse werden auf Papierstreifen geschrieben und ausgelegt. Nach einer Weile des stillen Lesens und Bedenkens sucht sich jeder einen Satz aus und lernt ihn auswendig. Mit diesem Satz auf den Lippen – immer wieder mit wechselnden Betonungen rezitierend – geht jeder frei im Raum umher, so dass er unterwegs von allen Seiten die Verse zu Gehör bekommt bzw. selbst zu Gehör bringt. Dann stellen wir uns im Sitzkreis die Verse in der richtigen Reihenfolge noch einmal einzeln vor, indem jeder* seinen Vers in deutlicher Sprache den anderen verkündet, bevor er den Satzstreifen in der Mitte ablegt.

### Sprechsteinrunde als Aussprache zum Text

* Was gefällt mir an den Aussagen?
* Was klingt für mich fremd und sonderbar?
* Was möchte ich ergänzen?
* Welchen Satz nehme ich mit in den Alltag?

**Lied**  Mädchen du in Israel (TfG 535)

### Fürbitten

Großes hat der Herr an mir getan, so singt Maria. Wie sie vertrauen wir uns Gott an, der uns mit schöpferischem Geist begabt hat. Er schenkt Ideen zum Mitgestalten der Welt und auch die Kraft zum Durchhalten. In Stille tragen wir vor, was wir auf dem Herzen und im Sinn haben, damit der Tag schön wird.

*Jeder darf seine Sorgen und Träume für die Zukunft zum Ausdruck bringen, indem er sie auf die Rückseite eines Satzstreifens schreibt, evtl. vorliest und offen oder verdeckt ablegt.*

**Lied**  Magnificat (Taizé) oder ein anderes Marienlied (TfG 534, 362 f.)

*Die Satzstreifen können zum Schluss mitgenommen oder auf eine große Pappe geklebt und zum Maialtar gestellt werden.*

### Segen

Vor uns liegen – zusammen mit den Gedanken Marias – unsere Anliegen. Sie sollen uns zu Vorsätzen werden, mit denen wir jeden Tag neu beginnen und gestalten wollen. Dazu gebe uns schöpferische Kraft und Beistand der dreieinige Gott – als Vater, als Sohn Marias und als schöpferischer Geist.

**Marienlieder**  in TfG 530 ff.

## 2.2 Die Heiligen Drei Könige

Januar

*Lebenszeit: um die Zeitenwende*
*Herkunft: eher legendär*
*Brauchtum: Sternsinger*

Meister Gislebertus, Der Traum der Heiligen Drei Könige, um 1125
Kapitell, Kathedrale Saint Lazare, Autun (Saône-et-Loire)

Die drei Sterndeuter waren weise genug, so wird erzählt, die Zeichen der Zeit im Uhr-Werk der Gestirne richtig zu deuten. Sie folgten dem Sternbild, dem Ur-Werk des Schöpfers, das ihnen am Firmament Richtung weisend erschien. Sie brachen auf und wagten den Weg ins Ungewisse. So fanden sie, vom Stern geführt, das Kind, Gottes Sohn.

## Ideenbaum unter dem Stern von Betlehem

- **Gemeinsame Bildbetrachtung**

Was sagt uns der Steinmetz über diese legendären Weisen aus dem Morgenland? Drei Männer mit Kronen auf dem Kopf liegen unter einer runden Decke, die sich auf ihrem Nachtlager wärmend über sie legt. Ein neuer Tag bricht an, wie ein unbeschriebenes Blatt will er gefüllt werden. Was wird er den Männern bringen? Wohin wird er sie führen? Der Engel kennt den Weg, denn die linke Hand weist auf den Stern, der über den Träumenden schwebt. Mit seinem Zeigefinger berührt er einen der drei vorsichtig, um ihn behutsam aus seinen Träumen zu wecken. Dem so Angerührten öffnen sich die Augen, während seine Reisebegleiter offensichtlich noch schlafen. Vielleicht malen sie sich im Traum gerade den neuen Morgen aus, noch nicht ahnend, welche Überraschung er bringen wird.

»Auferweckung« könnte das Bild heißen. Wer mag da noch ruhig liegen bleiben und schlafen, wenn der große Traum vom neuen Anfang Gottes mit den Menschen mit der Geburt seines Sohnes wahr wird? Wer kann sich den Engelszungen verschließen, die sich so behutsam und doch eindringlich Gehör verschaffen?

Nicht auf Leinwand ist das Bild gemalt, sondern in Stein gemeißelt. Der schwere Stein wirkt lebendig und leicht. Wie ein Meilenstein weist der steinerne Engel nach Betlehem.

- **Pantomime**

Wir stellen das Bild als Gruppenpantomime nach. Zunächst als Standbild, so gut sich das machen lässt. Dann können wir die Szene verlebendigen. Im Zeitlupentempo bewegen sich alle nach eigenem Gefühl so, wie sie sich die nächsten Sekunden vorstellen, die in der Szene ablaufen werden. Was geschieht danach, eine Stunde später, im Laufe des Tages? Dabei darf die Zeit wieder schneller ablaufen. Dann lassen wir die Zeit langsam wieder zurückfließen, auch über den Augenblick des Bildes in die Vergangenheit. Was geschah unmittelbar bevor der Engel kam? Am Abend vorher? Meist entsteht ein reger Gesprächsbedarf darüber, wie jeder einzelne Spieler, aber auch die Zuschauer die Szenerie wahrnehmen und erleben, ausdeuten und verändern möchten. Welche Klänge passen dazu? Wird das Bild auch für uns zu einem Meilenstein auf dem Weg zu Jesus?

- **Nachgestalten in Ton oder Stein**

Nach einer ausführlichen Bildbetrachtung bilden die Kinder mit Ton, Knete, Salz- oder auch Plätzchenteig das Bild nach. Jugendliche können einen Ytong-Stein

(Baumarkt) mit einer Raspel und einfachen Steinmetz-Werkzeugen – zur Not mit alten, stabilen Löffeln, Messern und Gabeln vom Flohmarkt – bearbeiten (Konturen vorher deutlich größer vorzeichnen). Stein vorher anfeuchten und möglichst im Freien arbeiten.

- **Nachmalen auf grauem Packpapier**

Besonders wirkungsvoll nachgestalten lässt sich das Motiv mit Zeichenkohle und Kreide auf Packpapier (möglichst großformatig).

- **Astrologie**

Stand es in den Sternen? Eine Frage an junge Astrologen und Forscher: Was wissen wir von dem Stern von Betlehem und dem Sternenhimmel heute? Wo erfahren wir mehr? Gibt es ein Planetarium in der Nähe?

Am Euphrat fand man eine Tontafel. Darauf standen in Keilschrift Berechnungen der Sternforscher. Für das Jahr 7 v. Chr. wurde eine besondere Stellung der Planeten Jupiter und Saturn im Zeichen der Fische beschrieben. Jupiter galt als Stern des Weltherrschers, Saturn als Stern Israels und das Sternbild der Fische als Zeichen der Endzeit. Das konnte nur heißen: In Israel wird bald der Herr der Endzeit erscheinen. Die christliche Überlieferung übertrug diese Himmelserscheinung auf das Evangelium. So spricht man vom Stern von Betlehem.

Sternbilder kann man schön mit Steinen nachlegen oder nachzeichnen.

### Jupiter und Saturn im Sternzeichen der Fische

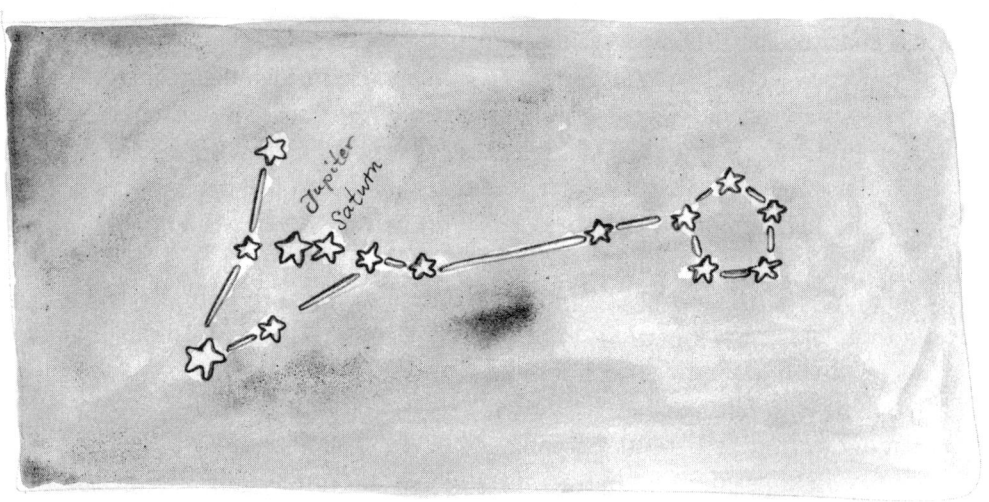

- **Sternsinger-Aktion**

Gibt es in der Gemeinde schon eine Sternsinger-Intitiative? Oder kann die Gruppe eine Aktion planen? Alle überlegen gemeinsam, wie die Könige aussehen könnten, wie man Umhänge, Gaben usw. besorgt, was sonst geplant werden muss.

Jedes Jahr zum Fest der Heiligen Drei Könige machen sich in vielen Gemeinden Kinder- und Jugendgruppen als Könige verkleidet auf, um Spenden zu sammeln für Kinder in aller Welt. Ins Leben gerufen wurde dieses Hilfswerk 1958 von den Deutschen Bischöfen als päpstliches Missionswerk. Es wurde seither zur größten Hilfsaktion der Welt von Kindern für Kinder, mit deren Hilfe jährlich weltweit rund 3.600 Projekte in rund 140 Ländern Lateinamerikas, Afrikas und Asiens unterstützt werden. Die Hilfe zur Selbsthilfe hat die ganzheitliche und nachhaltige Förderung von benachteiligten Mädchen und Jungen im Blick. Mehr erfahren wir unter der Kontaktadresse im Internet: http://www.sternsinger.org

- **Aussendungsfeier vorbereiten**

Zur Vorbereitung einer Aussendungsfeier sammeln wir Informationen über die Drei Könige. Wir besuchen die Krippe in der Kirche und schauen uns die Figuren an. Was erzählen sie uns? Wir können uns in Büchern oder im Internet informieren und daraus eine kleine Power-Point-Animation für den Gottesdienst zusammenstellen oder eine Infowand herrichten. Wir suchen und singen Sternsingerlieder und üben sie mit Gesang und Begleitung ein. Welche weiteren Bausteine haben wir schon für eine Aussendungsfeier?

- **Quiz: Sterne zu gewinnen!**

Die Sterne können kopiert und ausgeschnitten werden. Bei Bedarf lassen sich nach Belieben weitere erstellen und ergänzen. Wer die richtige Antwort weiß, erhält den Stern:

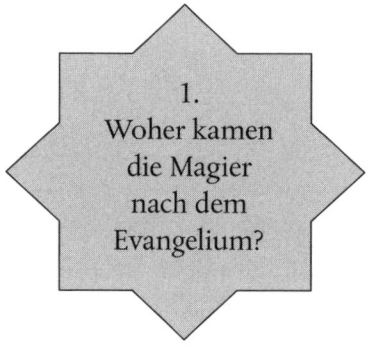

**1.**
Woher kamen
die Magier
nach dem
Evangelium?

**2.**
Wer waren
der Bibel nach
die Heiligen
Drei Könige?

**3.**
Wie viele Sterndeuter
sollen es
nach der Bibel
gewesen sein?

Antwort:
a) Aus dem Abendland?
**b) Aus dem Morgenland?**
c) Aus dem Jordanland?

Dem Matthäusevangelium nach kamen sie aus dem Morgenland. In einer alten Keilschrift im heutigen Irak liest man: Dann wird ein großer König im Westland aufstehen, dann wird Gerechtigkeit, Friede und Freude in allen Ländern herrschen.

a) Könige
b) Magier
**c) Sterndeuter**

Matthäus spricht von Sterndeutern. Sie wurden in Persien Magier genannt. Zu Königen wurden sie erst später »ernannt«. Sie symbolisieren auch die weltliche Macht der damaligen Weltreiche.

a) drei
b) vier
**c) unbekannt**

Die Bibel selbst nennt keine Zahl. Es gibt Darstellungen mit zwei, vier oder gar zwölf Magiern (Anzahl der Apostel). Die Dreizahl hat sich seit dem Kirchenlehrer Origenes durchgesetzt, wohl wegen der drei Gaben.

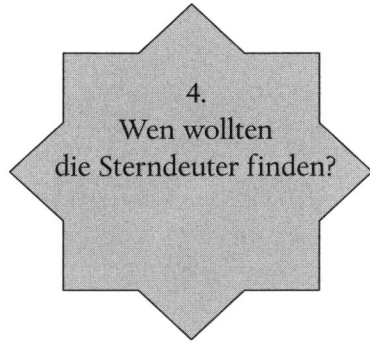

**4.**
**Wen wollten
die Sterndeuter finden?**

a) König Herodes
b) Das Kind in der Krippe
**c) Den Herrscher der Endzeit**

Die Sterndeuter erwarteten den Herrscher der Endzeit nach dem Sternbild am Himmel. Sie trafen auf Herodes, trauten ihm aber nicht, weil der Stern über seinem Palast verblasste. Am Ende fanden sie unerwartet zu einem Kind in einer Krippe.

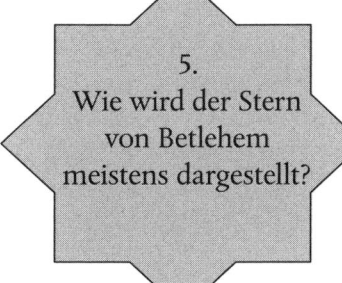

**5.**
**Wie wird der Stern
von Betlehem
meistens dargestellt?**

a) Als Sternschnuppe
b) Als Sternbild
**c) Als Komet (Schweifstern)**

Eine Sternschnuppe kann es nicht gewesen sein, sie verglimmt ja augenblicklich. Auch kein Stern, eher ein Sternbild in einer auffälligen Konstellation. Wir verbinden meist die Vorstellung eines Schweifsternes, eines Kometen also, damit.

**6.**
**Was bedeuten
die Buchstaben
C + M + B?**

a) Caspar, Michael und Balduin
b) Christi Mutter in Betlehem
**c) Christus mansionem benedicat**
(Christus segne dieses Haus)

Die Bibel nennt keine Namen. Der Segensspruch über der Haustür beginnt mit den drei Buchstaben CMB. Das weist auf die Namen der drei Weisen hin: Caspar (persisch = Schatzmeister) brachte Weihrauch, Melchior (hebräisch = Lichtbote) trug angeblich das Gold, Balthasar (aramäisch = Gott schütze den König) die Myrrhe.

7.
Wer ist
der schwarze König?

a) **Caspar**
b) Melchior
c) Balthasar

Der »Mohrenkönig« wurde erst im Mittelalter so benannt und gemalt. Es ist meist Caspar. Er vertritt heute den schwarzen Erdteil Afrika.

8.
Wo wird
der Sarg
der Heiligen
Drei Könige
verehrt?

a) Im Petersdom
b) In Betlehem
c) **Im Kölner Dom**

Im Kölner Dom wird der Dreikönigsschrein verehrt. Der Dom selbst hat die Form des Sarkophags der Heiligen.

2. Die schöpferische Kraft

## Aussendungsfeier

**Lied**   Stern über Betlehem (TfG 495)

**Bildbetrachtung** *(siehe S. 29)*

*Kinder stellen ggf. die selbst getöpferten oder gemalten Repliken vor.*

**Lied**   Mache dich auf und werde licht, Kanon ggf. mit Gesten
(TfG 507)

### Sprechspiel

*Die Sternsinger stellen sich jetzt als lebendig gewordene Figuren der Steinplastik vor, die sich auf den Weg machen wollen:*

#### Caspar

Ich bin der Caspar. Wir sind dem Stern nachgegangen, um den großen König der Endzeit zu finden. Er führte uns zu einem armen Stall in Betlehem. Ich will ihm Weihrauch als Zeichen der Ehrerbietung bringen.

#### Melchior

Man nennt mich Melchior. Wir haben uns aufgemacht, dem neu geborenen König der Juden die Ehre zu erweisen. Alle Menschen sollen erfahren, dass er der Mann der Zukunft ist. Gott hält seine Hand über ihn. Als Zeichen der Huldigung mache ich ihm Gold zum Geschenk.

#### Balthasar

Mit Myrrhe, dem Bitterkraut, bin ich an seine Krippe getreten. Denn sein Leben steht wohl unter einem guten Stern, aber das Leid des Menschen wird ihm nicht erspart bleiben. Er teilt unser Schicksal, dass wir ewiges Leben mit ihm gewinnen.

**Lied**   Licht auf meinem Weg (TfG 497)

*Erläuterung zur Widmung der Sternsinger-Aktion und zum Verfahren.*

### Sendungsgebet

Wenn ihr jetzt weiterzieht von Haus zu Haus durch die Straßen unserer Gemeinde, dann geht ihr in Jesu Namen. Sein Stern führe und begleite euch. Möge euer Weg nicht umsonst sein, sondern zur Hoffnung führen für Kinder, die es auch an Weihnachten schwer haben. Dazu segne und sende ich euch im Namen des Vaters und des Sohnes und des heiligen Geistes. Amen.

## Schlusslied

### Wir sind drei Könige

KV: Wir sind drei Kö - ni - ge, wir fol - gen un - serm Stern.

Wir sind drei Kö - ni - ge, wir su - chen nach dem Herrn.

Wir sind drei Kö - ni - ge, wir fra - gen ü - ber - all.

Seht ihr das Kind denn nicht in ei - nem al - ten Stall?

1. Komm mit uns, komm ge - schwind, such nach Gott im klei - nen Kind!

Such mit uns, sieh die Not, teil mit ihm dein Brot!

2. Geh mit uns, folg dem Stern,
   er führt uns zu Gott, dem Herrn.
   Doch kein Weg führt dabei
   an der Not vorbei.

T. u. M.: Wolfgang Gies © beim Autor

2. Die schöpferische Kraft

# 3. Die Motivationskraft aus der Mitte

*Wo zwei oder drei*
*in meinem Namen versammelt sind,*
*da bin ich in ihrer Mitte.*
Matthäus 18,20

Verlocke mich, du Heiliger Geist, dass ich das Heilige liebe! Heilige sind Menschen, die sich von Gottes Liebe verlocken ließen. Wir würden heute sagen, manche waren »total verknallt« in Jesus. Sie gaben sich ganz der Sache Jesu hin. Das verlieh ihnen Kraft, auch wenn die Welt ringsum ins Schwindeln kam. Wie die Achse das Rad, so hielten sie sich an Jesus als Kraft aus der Mitte. Gottes Wort kam durch sie neu zur Geltung. Doch es stieß auch auf taube Ohren und erbitterten Widerstand. Viele Christen wurden wegen ihres Glaubens angefeindet und blutig verfolgt bis in den Tod.

## Ideenbaum rund um die Lebensmitte

Um welche Verlockungen und Motive kreist unser Leben? Fragen wir nach der eigenen Mitte, die uns Halt gibt gerade in stürmischen Zeiten, wenn alles um uns herum ins Wanken gerät: Was lieben wir so heiß und innig, was ist uns so heilig, dass wir unser Leben dafür in die Waagschale werfen würden, wie viele Heilige es wagten?

- **Die gestaltete Mitte**

Eigentlich sollte zu jedem Treffen einer Gruppe die Mitte des Raumes bewusst mit einem Blickfang, einer Blume, Kerze oder einem Bodenbild gestaltet sein. Der Gestaltungsfreude sind dabei keine Grenzen gesetzt. Heute legt jeder ein Symbol in die Mitte, das ihm besonders viel bedeutet. Dabei kann eine Auswahl von Schlüsselsymbolen angeboten werden, eine Bilder- oder Postkartensammlung, Spruchkarten oder symbolische Gegenstände vom Fan-Schal bis zum Kreuz. Wer will, begründet seine Auswahl.

- **Der Brennpunkt**

Sicher kennen Kinder die Wirkung des Brennglases, das die Sonnenstrahlen auf einen Punkt hin bündelt. Auch im Mittelpunkt eines Stuhlkreises gibt es diesen Synergieeffekt. Wer plötzlich im Brennpunkt der Aufmerksamkeit steht, dem wird es recht heiß, oder er bekommt gar Lampenfieber. Wer das bewusst erleben will, der stellt sich in die Mitte eines Spielkreises, so dass er von allen Seiten den Blicken der anderen ausgesetzt ist. Er darf so lange dort bleiben, wie es angenehm für ihn ist. Dabei beruhigen sich die Ängste.

- **Mittelpunkte im Alltag?**

Wir tragen Assoziationen zu Mittelpunkten im Alltag zusammen. Das kann im Gespräch, im Bild-Cluster, in Form einer Collage von Illustriertenbildern oder realen Gegenständen geschehen. Jedes Fußballspiel wird am Mittelpunkt angepfiffen, der Topf muss mittig auf dem Herd stehen, jedes Rad hat eine Mittelachse, die Zielscheibe hat einen besonders auffälligen Mittelpunkt. Auch die Frage nach unseren beliebtesten Treffpunkten kann erhellend sein.

- **Wo ist meine Mitte?**

Dazu legt man sich in X-Form flach auf den Rücken. Ein langes Seil wird von der linken Hand zum rechten Fuß, ein zweites von der rechten Hand zum linken Fuß über den Körper gelegt und gerade gespannt. Mit leichten Korrekturen kreuzen sich die Bänder über dem Bauchnabel. Er gilt in der Yoga-Lehre als Gefühlszentrum des Menschen (Sonnengeflecht).

- **Tanzkreisel**

Wir bilden einen Tanzkreis, halten uns fest an den Händen und drehen uns immer schneller im Kreis. Was spüren wir? Wer hält uns? Manche Kinder bevorzugen den Partnerkreisel, bei dem sich zwei Kinder an gekreuzten Armen halten.

- **Tanzkreis**

Im Kindergarten ist das Geburtstagslied bekannt: »Und wer im Januar geboren ist, tritt ein …« Es kann auf die Bedeutung der Mitte und die Gefühle, die wir im Mittelpunkt haben, aufmerksam machen.

## Gottesdienstbaustein: Ihnen steht der Himmel offen

**Lied**   Wo zwei oder drei (TfG 98)

### Begrüßung und Eröffnung

Wer kommt eigentlich in den Himmel? *(Antwortversuche der Kinder einholen.)* Wisst ihr, was Jesus geantwortet hat?

### Lesung (nach Matthäus 19,13–15)

Da umringten Kinder Jesus. Sie wollten seinen Segen. Er sollte ihnen die Hand auflegen. Die Jünger wiesen die Kinder zurück: »Was wollt ihr hier, das ist Männersache und nichts für kleine Gören!« Doch Jesus ließ das nicht zu. Er stellte ein Kind in ihre Mitte. »Schaut auf dieses Kind in eurer Mitte. Hindert es doch nicht daran, zu mir zu kommen. Denn Menschen wie ihm gehört das Himmelreich!« Und er nahm das Kind in seine Arme: »Gott segne dich!«, sagte er.

**Lied**   Wenn einer sagt (TfG 929)

### Fürbitten

1. Guter Gott! Jesus hat den Kindern den Himmel versprochen, weil sie noch nicht so berechnend sind wie Erwachsene oft. Er schloss sie in sein Herz, weil sie ihn lieb hatten und in seiner Nähe sein wollten. Segne auch uns, die wir dir nah sein wollen.

2. Jesus hat gesagt: Wo zwei oder drei in meinem Namen versammelt sind, da bin ich mitten unter ihnen. Lass uns spüren, dass er auch in unserem Leben die Mitte ist, wenn wir uns in seinem Namen versammeln.

2. Jesus stellte ein Kind in die Mitte als Vorbild: »Wer so wie dieses Kind ist, dem steht der Himmel offen«, hat er gesagt. Daran lass uns immer denken, auch, wenn wir schon erwachsen sein wollen.

**Vaterunser**   Ggf. als Lied (TfG 255)

**Segenslied**   Der Herr segne dich (TfG 1022)

*Dazu bilden wir einen Kreis. Jeder tritt einzeln zum Segen in die Mitte, wird bei seinem Namen gerufen und vor allen gesegnet.*

## 3.1 Sebastian

Januar

*Name: der Verehrung Würdiger*
*Märtyrer*
*\* in Mailand oder Narbonne*
*† 288 (?) in Rom*
*Attribute: Pfeil, der seine Brust durchbohrt*
*Patron von Selm in Westfalen, der Sterbenden, Schüt-*
*zengilden, Soldaten, Kriegsinvaliden, Pestkranken usw.*

El Greco, Heiliger Sebastian, 1580

Sebastian war Hauptmann am Hof Kaiser Diokletians. Dort war es jedoch streng
verboten, sich zum christlichen Glauben zu bekennen: Ein Soldat hatte dem Kaiser
zu gehorchen – und nicht dem Christengott. Das Verbot schreckte Sebastian aber
nicht ab, von Jesus zu erzählen und andere mit seinem Glaubenseifer anzustecken.
Viele seiner Glaubensgenossen waren schon eingesperrt und sogar getötet worden.
Doch Sebastian hatte ein klares Ziel vor Augen: Er wollte Gott treu bleiben. Seine
Stellung erlaubte ihm, auch den Glaubensgenossen in den Gefängnissen Roms Mut
zu machen und von Jesus zu erzählen. Als der Kaiser davon erfuhr, ließ er Sebastian an einen Baum binden. Bogenschützen sollten ihn erschießen. Doch er über-
lebte die Pfeilverletzungen wie durch ein Wunder. Irene, eine Witwe, pflegte seine
Wunden. Sebastian wurde bald wieder gesund. Der Kaiser erschrak, als Sebastian
eines Tages wieder vor ihn trat. »Du kannst Gott, der die Liebe ist, nicht besiegen,
selbst wenn du uns tötest. Was du tust, ist sinnlos. Ich bin überzeugt, dass Gott
unsere Zukunft ist. Er lässt uns leben. Du kannst uns allenfalls töten.« Da wurde
der Kaiser wütend. Er ließ Sebastian im Circus von Rom zu Tode peitschen und die
Leiche ins Abwasser werfen.
Seit dem 4. Jahrhundert wird Sebastian als mutiger Zeuge für die Sache Jesu verehrt. »Sebastianpfeile« benutzte man zur Abwehr der Pestkrankheit, nachdem im
Jahr 680 eine Pestepidemie in Rom dadurch zum Stillstand gekommen war, dass
man Sebastians Reliquien durch die Stadt trug.

## Ideenbaum zur Motivationskraft aus der Mitte

- **Zielscheiben**

Wir gestalten Zielscheiben für unser Leben. Dazu schneiden wir aus farbigen Tonpapierbögen Kreisscheiben mit je einem reduzierten Radius aus. Legt man sie übereinander, ergibt sich das Bild einer Zielscheibe. Dann sammeln wir auf einem Papierbogen Lebensziele, wie sie Jesus hatte. Wir ordnen sie nach Ähnlichkeiten und bringen die Motive auf Kurzformeln: Für andere da sein, Leben in Fülle haben, auf Gott vertrauen, sich selbst finden, Gott erkennen, Frieden halten, Schöpfung bewahren usw. Dann schreiben wir je einen Gedanken gut lesbar auf einen der Zielringe.

- **Suche nach dem zentralen Motiv im Leben**

Fragen wir nach dem zentralen Motiv, das uns Halt gibt gerade in stürmischen Zeiten, wenn alles um uns herum in Rotation gerät. Die Impulskarten wollen zum Nachdenken anregen. Projiziert man sie als Folienkopie, kann man mit einem Spielsteinschatten durch das Feld führen.

- **Sebastian-Pfeile als Traumfresserchen**

Kinder gestalten aus zwei »Sebastian-Pfeilen« ein Traumfresserchen. Dazu legt man zwei stabile Holzstäbe (ca. 30 cm lange Äste oder Rundhölzer, an einem Ende etwas angespitzt und in der Mitte leicht eingekerbt) über Kreuz. Die Holzpfeile werden mit bunter Wolle umwickelt, so dass sich ein Webmuster ergibt. Wechselt man die Farben im gleichmäßigen Rhythmus, prägt sich eine Art Zielscheibe aus. Am Ende kann sich jeder ein Sebastian-Kreuz über das Bett hängen. Es soll die Ängste nehmen im Vertrauen auf Gott!

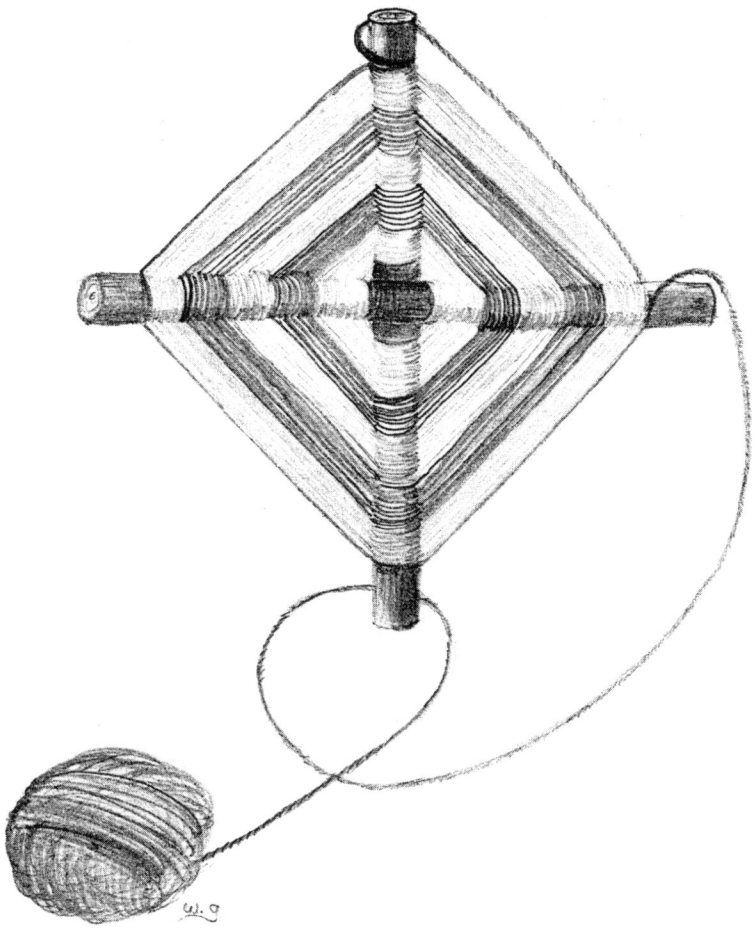

## Impulskarten als Kopiervorlage

| | | |
|---|---|---|
| Wo ist meine Mitte im Leben? | An welchem Ort fühle ich mich rundherum geborgen? | In welcher Umgebung fühle ich mich wohl? |
| Womit umgebe ich mich gerne? | Wovon lasse ich mich gerne verlocken? | Was ziehe ich am liebsten an? |
| Worum kreisen meine Gedanken? | Wen habe ich gerne um mich herum? | Wer ist meine Mitte im Leben? |
| Möchte ich gerne einmal im Mittelpunkt stehen? | Wie ist das, wenn mich plötzlich alle ansehen? | Kreise ich manchmal nur um mich selbst? |
| Kennst du ein Kreisspiel oder einen Kreistanz? | Wer zählt alles zu meinem Freundeskreis? | Wie fühle ich mich, wenn mir die Mitte fehlt? |

3. Die Motivationskraft aus der Mitte

## 3.2 Agnes von Rom

**21.**

Januar

Name: *die Reine, das Lamm*
*Märtyrerin*
*\* in Rom*
*† 258/259 oder 304 (?)*
*Attribute: Lamm, langes Haar*
*Patronin u. a. der Verlobten, Kinder und Gärtner*

Mosaik, Ravenna, 6. Jh.

Sie war als Baby wohl so süß, dass die Eltern sie Agnes nannten, was so viel heißt wie »Lämmchen«. Agnes, das Lämmchen, wuchs heran und wurde eine bildhübsche junge Frau. Mancher Mann schaute sich nach ihr um und hätte sie gerne zur Frau genommen. Damals durfte eine Frau nicht selbst entscheiden, wen sie heiraten wollte. Es war ihr sogar bei schwerer Strafe verboten, die Hand eines Mannes zurückzuweisen, es sei denn, sie wäre einem anderen versprochen. Aber Agnes schlug alle Heiratsgesuche aus. Sie erklärte jedem, sie sei schon mit einem anderen verlobt. Bis eines Tages der Sohn des Präfekten darauf bestand, den Namen des Verlobten zu erfahren. Agnes gestand, sie liebe Jesus mehr als alles in der Welt. Er sei ihr Bräutigam. Doch das ließ der Brautwerber nicht zu. Er stellte Agnes vor Gericht, und der Richter verurteilte Agnes zu harten Strafen, um sie gefügig zu machen. In ihrer Not vertraute sie auf Gottes Hilfe: »Der Herr ist mein Hirte«, so betete sie. Sie fühlte sich von ihm getragen, auch in den schweren Stunden der Erniedrigung und der ungerechten Strafen, die sie erdulden musste. Gott gab ihr Rückhalt und stützte ihren Willen, lieber den Tod auf sich zu nehmen, als die eigene Würde als Frau und die Liebe zu Jesus aufzugeben. Er war für sie der gute Hirte, dem sie ihr Leben anvertraute. In diesem Vertrauen starb sie einen wohl sehr grausamen Tod. Doch Gottes Liebe ist größer als alles Leid der Welt. Sie überwindet sogar die Macht der Mächtigen über den Tod.

## Ideenbaum zum Lamm und guten Hirten

Nähern wir uns Agnes über die Erfahrung der Kinder mit dem Lamm (= agnus), das zu ihren Attributen zählt.

- **Tasten und erzählen**

Ein Bausch Lammwolle wird herumgereicht. Die Kinder betasten es zuerst mit geschlossenen Augen, dann »mit allen Sinnen«, beschreiben sich ihre Beobachtungen gegenseitig, vermuten, was das sein könnte, wo es wohl herkommt oder welche Erinnerungen sie an eine Begegnung mit einem Schaf oder einem Lamm haben.

- **Schafe kennenlernen**

Wir suchen, wenn es möglich ist, eine Schafherde auf, sehen vielleicht einen Film oder lesen ein Bilderbuch über ein Lamm, um seine Eigenschaften und Wesenszüge zu erspüren und herauszulesen.

- **Kuschellämmchen**

Ein Lamm als Kuscheltier kann sicher nicht die Begegnung mit dem lebendigen Tier ersetzen. Es wird aber helfen, das Lamm als schutzbedürftiges, reines und unschuldiges Wesen zu erfahren, das sich geduldig kuscheln lässt und Kindern lieb und teuer ist, wenn wir es im Kreis herumreichen, uns mit ihm anfreunden, ihm gut zusprechen und es streicheln.

- **Der gute Hirte**

Das Bildwort vom guten Hirten (Lukas 15,3–7) kann als biblischer Zuspruch anhand eines Bildes erarbeitet werden unter dem Gesichtspunkt, dass ein guter Hirte für seine Schafe da ist und für sie sorgt, auch und besonders in der Krise. Dabei wird ein zentrales, schon alttestamentliches Gottesbild (Psalm 23) erschlossen, das sich auf Jesus überträgt: Ich bin der gute Hirte (Johannes 10,11–21).

- **Pappschäfchen und der gute Hirte**

Wir bekleben ausgeschnittene Pappschäfchen und einen Papphirten mit Watte oder Lammwolle und Stoffresten und stellen sie zu einer Herde auf. Als Verstärkung im Rücken kann eine Papprolle dienen (Toilettenpapierrolle oder Korken, je nach Größe). Der Hirtenstab wird aus einem Ast geschnitten oder aus einem Pfeifenputzer gebogen. Dazu kann die Geschichte vom verlorenen Schaf erzählt werden, wie wir sie als Gleichnis Jesu kennen (Lukas 15,3–7).

# Gottesdienstbaustein: Der Herr ist mein Hirte

*In der Mitte werden die gebastelten Schäfchen zu einer Herde (ohne Hirte) auf ein grünes Tuch gestellt. Alle Kinder sitzen im Kreis.*

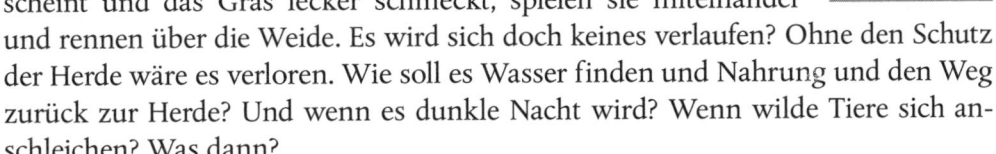

### Impuls

Wie sich die Schäfchen wohl fühlen? Am Tag, wenn die Sonne scheint und das Gras lecker schmeckt, spielen sie miteinander und rennen über die Weide. Es wird sich doch keines verlaufen? Ohne den Schutz der Herde wäre es verloren. Wie soll es Wasser finden und Nahrung und den Weg zurück zur Herde? Und wenn es dunkle Nacht wird? Wenn wilde Tiere sich anschleichen? Was dann?

Den Schafen fehlt jemand, der sie behütet: ein Hirte. Wie können wir uns einen guten Hirten vorstellen? Wie sorgt er für seine Schafe? Was hat er zu tun? Ein guter Hirte bleibt auch bei der Herde, wenn es dunkel und kalt wird. Er läuft nicht weg, wenn Gefahren drohen. Er lässt seine Schafe nie alleine. Wenn wilde Tiere angreifen, wird er sie mit dem Hirtenstab abwehren. Er hält die Herde zusammen, kennt jedes Tier, führt die Herde auf grüne, saftige Weiden und zur Wasserquelle. Er kennt den besten Weg.

*Wir stellen unseren gebastelten Hirten zur Herde, vielleicht steht auch eine Krippenfigur als Hirte zur Verfügung, oder wir betrachten ein Bild dazu.*

### Die Geschichte der heiligen Agnes
*Zur Aussprache können die Anregungen aus dem Einleitungstext aufgegriffen werden.*

### Schriftwort: Vom guten Hirten (nach Johannes 10,11–18)

Jesus ist in Jerusalem. Beim Tempel spricht er mit den Menschen. Sie finden bei ihm Halt. Seine Worte machen Mut. Die Menschen kommen ihm vor wie verstreute Schafe, die keinen Hirten haben.

Er tröstet sie und sagt: Ich bin der gute Hirt. Der tut alles für seine Schafe, was er nur kann. Wenn es sein muss, opfert er sein Leben für sie. Er lässt seine Herde nicht im Stich. Das macht nur ein Tagelöhner, der keine eigenen Schafe hat. Der haut ab, wenn er den Wolf kommen sieht. Der flieht, weil er nur ein schlecht bezahlter Knecht ist. Ihm liegt nichts an den Schafen. Jesus sagt: Ich will ein guter Hirt sein; denn ich liebe die Meinen, und die Meinen mögen mich, wie mich Gott, der Vater, kennt, und ich den Vater kenne. Ich gebe mein Leben hin für meine Schafe. Das sind sie mir wert.

**Freies Gespräch**

*Zusammenhang finden zwischen dem Glaubenszeugnis der Agnes und den Worten der Bibel; Angst und Hoffnung, Leid und Trost.*

## Zusammenfassung

Agnes kannte diese Worte des Johannes aus der Bibel. Sie hielt daran fest. Sie verließ sich auf Gott in ihrer Not. Sie wurde Vorbild für viele Frauen, die um ihr Selbstbestimmungsrecht, ihre Würde, ihre Glaubensfreiheit kämpfen müssen. Sie opferte ihr Leben wie Jesus und wusste sich im Tod mit ihm vereint. Deshalb halten wir Agnes auch noch 1700 Jahre nach ihrem Tod in unserer Kirche hoch und heilig. Heute, am 21. Januar, feiern wir ihren Todestag und denken besonders an sie, die heilige Agnes, das unschuldige Schäfchen, das zum Opferlamm wurde.

**Lied**   Der Herr ist mein Hirte (Kanon)

Kanon bis 4 Stimmen

T.: nach Psalm 23, M.: Wolfgang Gies © beim Autor

3. Die Motivationskraft aus der Mitte

## 3.3 Thomas von Aquin

*Name: der Zwilling*
*Mönch, Kirchenlehrer*
*\* um 1226 auf Schloss Roccasecca in Italien*
*† 7. März 1274 im Kloster Fossanuova südlich von Rom*
*Attribute: Sonne, Stern, Edelstein, Taube*
*Patron u. a. der katholischen Wissenschaft, Schulen und*
*Hochschulen, der Theologen, Philosophen, Studenten*

**Januar**

Thomas von Aquin,
Kloster San Marco, Florenz

Thomas stammt aus dem begüterten italienischen Grafengeschlecht derer von Aquino. Die Eltern waren stolz auf ihren Sohn, der, hochintelligent und wissbegierig, schon mit fünf Jahren in die Klosterschule der Benediktiner auf dem Montecassino eintrat und damit eine erstaunliche Karriere als Wissenschaftler begann. Bereits mit 14 Jahren studierte Thomas in Neapel und lernte dort den jungen Dominikanerorden kennen. Doch seine Eltern sahen es nicht gerne, als er 1243 in diesen Orden eintreten wollte, und versuchten, dies mit allen Mitteln zu verhindern: Sie sperrten ihn über ein Jahr lang im Schlossturm ein. Doch Thomas hatte ein klares Ziel vor Augen: Er wollte als Mönch dem Gott der Liebe dienen. Die Frau, die ihn verführen und von einem Klosterleben abbringen sollte, jagte Thomas mit einer Pechfackel in die Flucht. Mit Hilfe von Freunden gelang ihm die Flucht aus dem Familiengefängnis. Nach seiner Befreiung nahm er sein Studium wieder auf, bereiste die Welt und kam mit den klügsten Köpfen seiner Zeit zusammen. Thomas zählt zu den größten katholischen Theologen aller Zeiten. Die Taube, die aus seinem Mund fliegt oder ihm ins Ohr flüstert, symbolisiert seine Weisheit. Er wollte den Glauben an Gott und die menschliche Vernunft zusammenbringen. Sein ganzes Leben blieb er auf der Suche nach der letzten Wahrheit und fand im Glauben an Gott, der die Liebe ist, eine überzeugende Antwort.

## Ideenbaum zur Frage nach Gott

Kinder sind natürlich neugierig wie Thomas. So regt sein Vorbild die Lust zum Grübeln über die großen Fragen an, allen voran die Frage nach Gott. Mit welchen Bildern, Metaphern und Symbolen, Worten und Erfahrungen können wir darüber ins Gespräch und zum Nachdenken kommen?

- **Gott in Formen und Farben darstellen**

In welchen Formen oder Farben kannst du deine Vorstellung von Gott auf dem Papier darstellen? Bunte Wachskreiden oder Fingerfarben laden dazu ein, der Fantasie freien Lauf zu lassen.

- **Ein Bild aus dem Bauch heraus malen**

Die Hände tauchen in Farbe und lassen sich allein vom Gefühl über das Papier führen. Man darf sogar die Augen dabei schließen. Ein Denkanstoß können unvollendete Sätze sein, z. B.: »Gott ist für mich wie …«, »Nähe Gottes ist für mich wie …«, »Wenn Gott eine Farbe wäre …« oder der Verweis auf biblische Bilder (brennender Dornbusch, Feuer und Rauchsäule, Sonne, Hand usw.).

- **Fäden legen**

Wir sitzen im Kreis. In der Mitte liegen Bänder in zwei Farben. Jeder nimmt sich von jeder Farbe eins und versucht damit, vor sich ein Bodenbild nach der Regel zu legen: Ein Faden steht für Gott, der zweite für dich selbst.

- **Schreibimpulse**

Jeder schreibt »Fragen an Gott« auf ein Blatt. Dann tauschen wir die Blätter untereinander anonym aus und versuchen schriftlich oder im Gespräch Antworten zu finden.

- **Kurztexte**

Wir sitzen im Kreis. In der Kreismitte liegen Kurztexte zum Gottesbild. Jeder wählt den Text aus, der ihn am meisten anspricht. Nacheinander stellen wir uns unsere Auswahl vor und begründen bzw. erläutern sie.

# Kurztexte zum Gottesbild

Ich gebe dir 100,– €,
wenn du mir sagst, wo Gott ist!
Und ich gebe dir 1000,– €,
wenn du mir sagst, wo er nicht ist!

Hände, die schenken,
erzählen von Gott.

»Gott ist lange tot,«
wusste der junge Mann.
»Seltsam,« wunderte sich
der alte Pater, »vor einer Stunde
sprach ich noch mit ihm!«

Gott ist so groß,
dass er es wohl wert ist,
dass wir ihn ein
Leben lang
suchen.

Gottes Liebe ist wie die Sonne, sie ist
immer und überall da – auch wenn du
sie manchmal nicht siehst!

Gott kannst du nicht sehen,
aber an seinen Spuren
kannst du ihn erkennen!

Viele kleine Lichter lassen
Gottes großes Licht
erstrahlen
in der Dunkelheit.

Ich habe dich bei
deinem Namen gerufen,
du bist mein Kind!,
sagt Gott

Gott ist da, wo
Liebe ist!

Gott wohnt da,
wo man ihn einlässt.

- **Der dreifaltige Gott**

Die Antwort auf die Gottesfrage kann aus christlicher Sicht nicht ohne die Vorstellung der Dreifaltigkeit gegeben werden. Auf eine einfache Formel gebracht können wir sagen: »Gott, der größer ist als unser Denken es je erfassen kann, wird in der Liebe zu seinem Sohn erfahrbar, die der Heilige Geist bewirkt.«

Ein Modell kann dieses Gottesbild mit dem darin aufgehobenen Geheimnis sichtbar machen. Aus einer vergrößerten Kopie werden die drei grauen Dreiecke ausgeschnitten und damit die drei Gottesnamen einzeln vorgestellt. Dann legt man sie so an den Ecken zusammen, dass in ihrer Mitte ein viertes Dreieck erscheint, das als die Wirklichkeit, in der wir leben, gedeutet wird. Die Dreieckspyramide als »Dreifaltigkeitsmodell« zeigt, dass die drei göttlichen Dimensionen einen einziger Körper bilden. Auf eine Platte gestellt, lässt sie wie die Spitze eines Eisberges einen unendlich ausgedehnten Raum darunter erahnen, der sich der menschlichen Wahrnehmung entzieht: Gott ist größer und mehr als alle sichtbare Wirklichkeit.

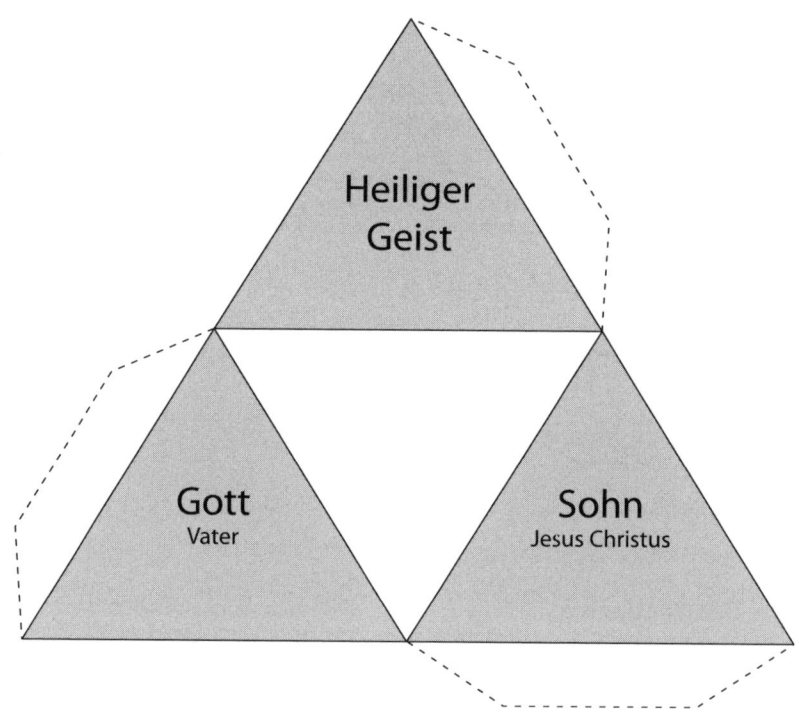

# 4. Die belebende Kraft

*Je freier man*
*atmet,*
*umso mehr*
*lebt man.*
Theodor Fontane

Atme in mir, du Heiliger Geist, dass ich Heiliges tue! »Ruach« heißt das hebräische Wort für Geist, Hauch und Atem. »Holy Spirit« sagt man im Englischen, wenn man vom Heiligen Geist spricht. Auf Französisch heißt er »Saint Esprit«. »Pneuma« heißt der Atem und Geist im Griechischen. In der Schöpfungserzählung haucht Gott selbst dem Menschen »Adam« (der aus Erde Gemachte) den Atem (Odem) ein. Das Leben des Menschen beginnt mit dem ersten Atemzug und endet mit dem letzten. Dabei atmet der Mensch weniger selbst, als dass er geatmet wird. Jede Anstrengung beschleunigt die Atemfrequenz. Es gibt Erfahrungen, die uns den Atem verschlagen oder kurzatmig werden lassen. Bewusstes Atmen entspannt und beruhigt, tiefes Durchatmen lindert den Schmerz oder setzt Energien frei. Gott, sagt man, hat einen langen Atem. Sein Odem heiligt und belebt Körper, Seele und Geist. Heilige ließen sich beleben und antreiben von diesem heiligen Atem Gottes – oft bis zum letzten Atemzug ihres Lebens.

## Ideenbaum zur Kraft des Atems

- **Erfahrungen mit Luft**

Was kann der Wind bewegen? In Skizzen werden die Ideen festgehalten und geordnet. Wind kann Windräder (kleine wie große) antreiben und Segelschiffe über das Meer schieben, Wellen aufpeitschen, Feuer anfachen, Bäume umknicken, den Drachen wirbeln, Luftmatratzen und Autoreifen prall füllen und Samen von Blüte zu Blüte tragen. Er kann wimmern und stöhnen, reinigen und Staub machen, leise über die Haut streichen und uns als Atemluft das Leben erhalten …

- **Experimente mit einem Luftballon**

Mit einem Luftballon kann man deutlich machen, was Luft/Atem alles bewirken kann: Man kann ihn aufpusten, Luft entweichen lassen, durch die Luft sausen lassen, ihn aufsteigen oder auf dem Wasser treiben lassen, am Ende beobachten, wie er schrumpelt. Wer stößt an seine Grenzen beim Aufpusten oder beim Schreck, wenn ein Luftballon zerplatzt? Welche Erinnerungen haben wir an Luftballons?

- **Den eigenen Atem bewusst machen**

Lauschen, wie er kommt, wie er geht, die Bauchdecke bewegt und die Lungen füllt, wohin die Luft im Körper fließt und wie sie wieder aus dem Körper weicht. Spüren, wie tief oder leicht, schwer oder schnell wir atmen, wie warm der Atem ist, kühlend und feucht. Erfahren, dass er der Stimme Ausdruck gibt und Gesang ermöglicht, einen eigenen Geruch hat und riechen lässt. Unser Leben wird von unserem ersten und letzten Atemzug begrenzt.

- **Atemübung**

Die dreifache große Atmung ist eine einfache Atemübung, die man zu Beginn, am Ende eines Tages oder zwischendurch für sich einsetzen kann. Dabei wird dreimal langsam tief eingeatmet und kräftig ausgepustet. Körperbewegungen können das Atmen unterstützen.

- **Innere Antriebskräfte**

Unterschiedliche Motive als Antrieb für das eigene Handeln erkennen, benennen und in kleinen Spielszenen zum Ausdruck bringen: Was tut man alles aus Wut, aus Scham, aus Angst, aus Liebe, aus Verantwortung, aus eigenem Antrieb, aus Berechnung, aus Gehorsam? Dazu werden Blätter mit einem Impuls beschriftet und zum Ausfüllen ausgelegt oder als Ideenkarten für kleine Spielszenen ausgegeben.

- **Tuschetropfen**

Diesmal wird das Bild, das auf dem weißen Blatt Papier entstehen soll, weitgehend durch den Zufall des Luftstroms ausgeformt. Es ergibt sich eine anschauliche Vorstellung davon, wie wir uns von einer unsichtbaren Kraft antreiben lassen können, ohne vorauszusehen, wohin sie uns führt.

Jeder erhält ein Blatt (hochkant) und einen dicken Party-Strohhalm. In der unteren Bildhälfte wird ein Tropfen Ausziehtusche auf das Papier gegeben, der dann mit Hilfe des Strohhalms nach oben und unten ausgepustet werden kann, so dass ein vom Luftstrom zufällig verzweigtes Ästelwerk entsteht. Kräftige Luftstöße von oben lassen die kleinen Tuscheperlen an den Enden auseinanderspritzen. Die Tusche ist nur kurze Zeit bearbeitungsfähig. Dann setzen wir uns zusammen, betrachten unsere Bilder und sprechen angeregt durch die Impulskarten darüber.

# Impulskarten zum Ausschneiden

| | | |
|---|---|---|
| Wie ist es dir beim Gestalten ergangen? | Was hast du beim Pusten erlebt? | Welcher Bildeindruck ist entstanden? |
| Was ist aus dem kleinen Tuschetropfen geworden? | Wie würdest du dein Bild nennen? | Wo würdest du etwas dazumalen wollen? |
| Welche Geschichte erzählt dein Bild? | Vergleicht die Bilder: Was ist ähnlich, was unterschiedlich? | Welches Bild gleicht deinem eigenen am meisten? |
| Was hat dir Spaß gemacht? | Konntest du den Tropfen gut steuern? | Hat der Baum genügend Wurzeln? |
| An was erinnert dich dieses Bild? | Wenn das Bild ein Lebensbaum wäre, welche Vergleiche fallen dir ein? | Kennst du Bilder, die ähnlich sind? |

# Baustein für einen Gottesdienst

**Lied**   Weißt du, wo der Himmel ist? (TfG 786)

## Einleitung

Aus einem kleinen Anfang kann etwas ganz Großes erwachsen. Das Größte ist für viele der Himmel. Für Jesus war es das Reich Gottes. Doch wie sollen wir uns das vorstellen? Dazu werden wir ganz still und ruhig, schließen die Augen und achten nur auf unseren Atem, wie er kommt, sich in uns ausbreitet bis tief in den Bauch und dann wieder mit dem Ausatmen entflieht. Dann schließen wir die Augen und strecken unsere Hand geöffnet nach vorn. Ich lege dir gleich einen kleinen Gegenstand auf die Hand. Lass die Augen geschlossen, fühle und betaste ihn still!

*Jeder bekommt jetzt ein kleines Senfkorn auf die Hand mit der Bemerkung: das Reich Gottes. Dann nehmen wir es in Augenschein, betasten und beschreiben es, lernen es als Senfkorn kennen und pflanzen es in eine Schale mit Erde. Wir nehmen uns vor zu beobachten, was in den nächsten Tagen daraus wird. Das führt uns zum Gleichnistext.*

## Das Gleichnis vom Senfkorn (Markus 4,30–32)

Er sagte: Wie sollen wir das Reich Gottes schildern, in welchem Gleichnis sollen wir es beschreiben? Es gleicht einem Senfkorn. Dieses ist das kleinste von allen Samenkörnern, die man in die Erde sät. Ist es aber gesät, dann geht es auf und wird größer als alle anderen Gewächse und treibt große Zweige, so dass in seinem Schatten die Vögel des Himmels wohnen können.

## Kurze Aussprache   *in Form einer Sprechsteinrunde zum Bibeltext*

## Nachgestaltung des Gleichnistextes

*Zunächst wird der kurze Text einmal ganz vorgetragen, dann satzweise abwechselnd im Kreis nach folgender Regel laut vorgelesen:*

*1. Kind liest den Satz flüsternd wie ein Gerücht, das sich ausbreitet von Mund zu Mund:* »Hast du schon gehört: Der Himmel ist wie ein kleines Senfkorn …«

*2. Kind wiederholt denselben Satz skeptisch, zweifelnd als Frage:* »Was sagst du da: Der Himmel ist wie ein kleines Senfkorn ???«

*3. Kind bestätigt den gleichen Satz jetzt im Brustton tiefster Überzeugung eines Predigers auf der Kanzel:* »Ganz bestimmt: Der Himmel ist wie ein kleines Senfkorn!!!«

*Dann werden die weiteren Sätze des Gleichnisses einzeln nach der gleichen Manier in drei Klangfarben ebenso vorgetragen.*

*Im Gespräch wird der Aussagegehalt des Bildes vom Himmelreich als Senfkorn noch einmal mit den eigenen Metaphern und Bildern vom Anfang verglichen, Ähnlichkeiten herausgesucht und das Besondere unterstrichen: Für Jesus und durch ihn ist das Reich Gottes schon mitten im Kommen, unaufhaltsam bricht es sich Bahn aus einem kleinen, unscheinbaren Anfang, den er macht.*

**Lied** Kleines Senfkorn Hoffnung *(mit selbst erdachten Gesten)* (TfG 707)

### Fürbitten

Guter Gott! »Dein Reich komme, dein Wille geschehe, wie im Himmel, so auf Erden«, beten wir im Vaterunser. Dein Reich beginnt mit dem ersten Schritt. Darum bitten wir dich:

1. Aus einem kleinen Tuschetropfen kann ein großes Bild werden – wenn uns dabei nicht die Puste ausgeht. Schenk uns einen langen Atem!

2. Aus einem kleinen Senfkorn kann ein großer Baum werden, wenn wir es einpflanzen und pflegen. Lass unsere Talente reifen und Frucht bringen.

3. Aus einer kleinen Idee kann ein großes Ziel werden – wenn wir nicht nur träumen. Schenk uns Mut zum ersten Schritt.

4. Aus dem ersten Schritt kann ein erfolgreicher Lebensweg werden – wenn wir unterwegs nicht aufgeben. Lass uns spüren, dass du mit uns gehst.

**Liedruf** Wenn einer alleine träumt (TfG 673)

### Vaterunser/Segen

*Jeder bekommt ein Tütchen mit Samenkörnern zum Einpflanzen als Geschenk.*

**Lied** Geh mit uns (TfG 724)

4. Die belebende Kraft

## 4.1 Johannes Bosco

Januar

*Name: Gott ist gnädig*
*Priester, Ordensgründer*
*\* 16. August 1815 in Becchi bei Turin*
*† 1888 in Turin in Italien*
*Patron der Jugend und der Jugendseelsorger*

Johannes Bosco kam aus einer ärmlichen Bauernfamilie. Mit zwei Jahren verlor er den Vater. Seine Mutter brauchte großes Standvermögen und Gottvertrauen: Sie musste ihn jetzt allein großziehen. Weil er die Armut kannte, fühlte er sich berufen, sich um arme Jugendliche zu kümmern. Mit Zauberkünsten und Gauklertricks faszinierte er sie mit seinem unbekümmerten Glauben an das Gute im Menschen und gewann ihr Zutrauen. Fröhlich sein, Gutes tun und die Spatzen pfeifen lassen, das könnte sein Lieblingsspruch gewesen sein. 1841 wurde Johannes Bosco Priester. Seine Hauptsorge galt der Arbeiterjugend und den Straßenkindern in Turin. Er richtete für sie Schulen, Heime und Ausbildungsplätze ein. Er fand Aufmerksamkeit in der Presse und Anerkennung in der Öffentlichkeit und gewann dadurch auch Spendengelder für seine großen Hilfswerke. Er kümmerte sich verstärkt auch um Strafgefangene und sorgte dafür, dass sie wieder Wurzeln schlagen konnten. 1846 gründete er den Orden der Salesianer, der sich um schwierige Jugendliche kümmert. Ein weit verästeltes Hilfswerk erwuchs daraus. Bald gab es 250 Einrichtungen für Jugendliche von Europa bis Amerika, die in seinem Geist arbeiteten. Don Bosco half vielen 1000 Menschen, wieder Fuß zu fassen, 18 000 Lehrlinge fanden einen Ausbildungsplatz, 6000 junge Männer folgten seinem Vorbild ins Priesteramt. Im Vertrauen auf Gottes Hilfe hat Johannes Bosco sich nie entmutigen lassen, so schwer es oft auch war, durchzuhalten. Die Salesianer Don Boscos sind heute noch einer der weit verzweigtesten Männerorden. Sie kümmern sich weltweit um verwahrloste Jugendliche und Straßenkinder.

## Ideenbaum für Gaukler und Artisten

Als junger Mensch wäre Don Bosco am liebsten als Gaukler zum
Zirkus gegangen. Der Zirkus fasziniert Kinder heute immer noch.
Wer sich in Don Bosco hineinfühlen will, nimmt am besten hier die Fährte auf und
folgt mit den Kindern seinen Träumen. Dabei ist es das Ziel der Spiele, durch
Freude am Spiel Gemeinschaft zu stiften.

- **Zirkus**

Das Stichwort Zirkus magnetisiert Kinder. Schnell ist nach einem Erzählkreis über
unsere Erfahrungen mit Jongleuren und Artisten, Dressuren und Clowns eine Arena aufgebaut, in der Kinder ihre Erinnerungen im Spiel aufgreifen können. Wer
kann ein kleines Kunststück? Welche Gruppe möchte sich eine Zirkusnummer
überlegen? Ein ganzes Kindergartenfest oder eine Projektwoche lassen sich damit
füllen.

- **Das Clownspiel**

Dazu braucht man nur einige rote Clownsnasen. In der Arena steht der Spielleiter
und kündigt an, sich in einen Clown zu verwandeln. Sobald er seine rote Clowns-
nase trägt, spricht er nur noch in Körpersprache, begleitet hier und da von Lauten
und Gefühlsausbrüchen. Nach einer Weile gibt er die Nase an ein Kind weiter, das
jetzt den Clown spielt. Ein Klangzeichen kann in großen Gruppen den Rollen-
wechsel signalisieren.
Man kann auch eine Requisitenkiste mit allerlei originellen Gegenständen aufstellen. Jedes Kind darf sich eine Requisite aussuchen und damit seine Clownsszene
improvisieren. Denkbar ist auch, dass dem Clown, der gerade in der Arena steht,
von außen eine Requisite zugeworfen wird, mit deren Hilfe er irgendeine Idee
improvisieren kann.
Wichtig ist dabei, dass der Clown über sich selbst lachen kann und locker bleibt.
Verzögerungen, Blickkontakte und die Gefühle – in Körpersprache und Urlauten
ausgedrückt – bringen die eigentliche Wirkung beim Zuschauer hervor.

- **Mit Partner**

Diesmal springt auf Gongschlag ein zweiter Clown in den Ring und nimmt mit
dem ersten Kontakt auf. Aus der Soloimprovisation wird eine Interaktion, bis der
Erste (auf Gongschlag) seinen Platz einem Nachfolger freigibt.

- **Melodie erfinden**

»Fröhlich sein, Gutes tun und die Spatzen pfeifen lassen« könnte Lebensmotto Don Boscos sein. Der Text wird aufgeschrieben. Dann wird er immer wieder halbblaut gesprochen, später im Chor, bis sich ein Rhythmus durchsetzt zum Mitklatschen. Nacheinander stellen wir uns Klangideen vor und summen sie zuerst leise, dann im Chor nach. Bald traut sich jemand, mit den Melodien im Kopf den Text spontan zu singen. Andere unterstützen ihn leise, immer wieder von vorne beginnend, bis sich eine Melodie durchsetzt.

- **Eine Geschichte zum Nachdenken: Das Wagnis des Glaubens**

In einer Stadt hat ein Artist sein Hochseil gespannt von einem Kirchturm zum anderen und tanzt gewandt über das Seil. Dabei führt er atemberaubende Kunst-stücke vor. Tosender Beifall belohnt den Akrobaten. »Zugabe!«, fordern sie. Der Artist erscheint noch einmal hoch oben auf dem Seil. Diesmal schiebt er eine Schubkarre vor sich her von einer Seite des Hochseils zur anderen.
Jetzt fragt er die Menge unter ihm: »Glauben Sie, dass ich die Schubkarre auf dem

gleichen Weg wieder zurückbringen kann?« »Na klar!«, antworten sie. Der Artist schweigt. Die Menge meint, er zaudere. »Weiter!«, rufen sie. Der Mann fragt einen der Rufer: »Sie da unten, trauen Sie mir wirklich zu, die Karre zurückschieben zu können?« »Aber sicher doch!«, ruft der Mann zurück. Darauf lädt ihn der Artist ein: »Na gut! Dann kommen Sie doch einfach zu mir hoch und setzen sich in diese Karre!« So war das nun doch nicht gemeint. Der Mann kneift und wehrt ab.

Doch da meldet sich plötzlich ein kleiner Junge aus der Menge: »Ich mach das!«, sagt er ohne jede Angst. Die Umstehenden wollen ihn zurückhalten: »Mensch, Junge, lass das, willst du dein junges Leben aufs Spiel setzen?«

Doch der kleine Kerl lacht nur und sagt: »Keine Angst, der Mann da oben, das ist doch mein Vater!«

• **Talentschuppen**

Viele Kinder haben Spaß an Gauklerspielen, vom Tellerdrehen über Jonglieren bis zu tollen artistischen Einlagen. Manche Kinder verblüffen mit kleinen Zaubereien, Ballkünsten oder anderen Tricks. Hier lässt sich ein Talentschuppen anregen, um Gemeinschaft zu stiften und Lebensfreude zu vermitteln. Personale Anerkennung ist das wichtigste Elixier zur Entwicklung von Selbstvertrauen – gerade bei vernachlässigten jungen Menschen.

# 4.2 Blasius

Sankt Blasius, Telfs in Tirol
© Berit Mrugalska

Februar

*Name: der Lispelnde oder Stammelnde*
*Arzt und Bischof von Sebaste, Märtyrer, Nothelfer*
*\* spätes 3. Jahrhundert in Sebaste, Hauptstadt der röm.*
*Provinz Armenia*
*† um 316*
*Attribute: gekreuzte Kerzen, Schweinskopf*
*Brauchtum: Blasius-Segen*
*Patron u. a. der Ärzte*

Wie so oft in Legenden, wird auch über Blasius vieles verbreitet, was uns heute fremd vorkommt. Der historische Kern besagt, dass Blasius um 316 unter Kaiser Licinius als Bischof von Sebaste den Märtyrertod erlitt.

Aufregend weiß die Legende davon zu erzählen, dass er als Bischof verfolgt wurde, weil er sich zu Christus bekannte. Er versteckte sich vor seinen Verfolgern monatelang in einer Höhle, wo wilde Raubtiere ihn beschützten, weil er gut zu ihnen war. Vögel trugen ihm Nahrung zu. Aus seinem Versteck heraus leitete er heimlich sein Bistum weiter.

Von seltsamen Begegnungen wird erzählt: Eine arme Frau versorgte ihn mit Broten, Schweinefleisch und Kerzen, nachdem Blasius einen Wolf dazu bekehrte, reumütig ein Schwein zurückzubringen, das er ihr weggerissen hatte. Am Ende wurde Blasius entdeckt und vor den Statthalter Agricola gebracht. Als er sich weigerte, Götzenbilder anzubeten, wurde er ins Gefängnis geworfen. Dort soll er durch sein Gebet und beherztes Einschreiten einen Jungen gerettet haben, der an einer Fischgräte zu ersticken drohte. Auf diese wunderbare Heilung geht seit dem 16. Jahrhundert der Blasiussegen zurück, wobei zwei gekreuzte Kerzen zum Segen vor den Kopf des Gesegneten gehalten werden.

## Ideenbaum zum Segen des hl. Blasius

- **Begegnungen mit Tieren**

Kinder erzählen von Erlebnissen mit Tieren: Wie sie mit Haustieren zusammenleben, mit ihnen spielen und sprechen und was sie ihnen bedeuten, von Zoobesuch und Zirkusvorstellungen, in denen sie Raubtiere gezähmt und scheinbar friedlich zusammen mit anderen Tieren gesehen haben. Sie spielen Szenen nach oder bringen das eine oder andere Tier mit in die Gruppe. Wie bei Franz von Assisi finden wir hier das Motiv der Liebe zur Kreatur als Geschöpf Gottes, das Kindern zum Grundmuster des Glaubens werden soll.

- **Krankheitsgeschichten**

Kinder erzählen immer dann gerne von Krankheiten, wenn sie unmittelbar betroffen sind: Wenn der Hals beim Schlucken wehtut, das Fieber müde und den Kopf heiß macht, wenn man das Bett hüten, zum Arzt oder gar in ein Krankenhaus gehen muss. Wie erleben wir dann Zuwendung und Trost? Wer macht uns Mut und Hoffnung, wem schenken wir Glauben? Eine Zeitreise in die Vergangenheit der schlechten medizinischen Versorgung erklärt die letzte Hoffnung der Menschen auf Heilung damals durch Wunderkraft.

- **Ängste vor Tieren**

Kinder erzählen von Tierabenteuern und Angstszenen in Filmen, die sie erlebt haben und die sie nachts vielleicht nicht schlafen ließen. Wir lesen gemeinsam ein Tiermärchen, schauen ins »Dschungelbuch« (ggf. Video oder DVD) und sprechen darüber, wie Tiere in Filmen und Fabeln auftreten und welche Beziehungen sie zu Menschen hegen. Gibt es wirklich böse und gute Tiere?

- **Unter Gottes Segen**

Kinder hören in einer freien Erzählung von Blasius als einem mutigen Mann, der sich vor den Verfolgern verstecken musste und auf wunderbare Weise von Tieren beschützt wurde, wie er seine Angst im Gebet Gott anvertraute und sich bis zuletzt auf ihn, den guten Schöpfer, verließ; wie er im Gefängnis in Gottes Namen einem Jungen, der sich an einer Gräte verschluckt hatte, das Leben rettete, und wie er mutig sein Leben Gott zurückgab, als ihn die Verfolger vor die Wahl stellten, Götzen oder den Gott der Liebe anzubeten.

- **Vertrauen im Gebet**

Das tägliche Gebet kann bei dieser Gelegenheit wieder bewusst angeregt werden. Denn durch die einmalige Begegnung mit dem Blasius-Segen wird die Spiritualität des Kindes nicht entfaltet. Nur aus der eigenen Erfahrung mit dem Gebet wird auch der Segensspruch des Blasius mitvollziehbar (z. B. Kreuzzeichen). Lied und Gebetsleporello können dabei helfen.

Im Zusammenhang mit dem Blasius-Segen kann das Gebet, die Gutenacht-geschichte und das Abendgespräch mit Mama oder Papa auf der Bettkante neu belebt werden. Es tut gut, vor dem Einschlafen den Tag noch einmal zu bedenken und sich mit guten Gedanken von ihm zu verabschieden.

- **Blasius-Segen**

Kinder gehen unbekümmert an spirituelle Erfahrungen heran. Sie erleben tief in sich die wärmenden Kerzen und Worte des Segens im Ritual des Blasius-Segens. Der Segen ersetzt wohl keine Medizin, erhöht aber die Zuversicht, dass man wieder gesund und stark wird. Spirituelle Erfahrungen sollten deutlich abgegrenzt werden von spiritistischem, magischem und mystischem Denken. So erklären wir Kindern vorher das Ritual und spielen es im vertrauten Kreis der Gruppe durch, sprechen das Segensgebet und überlegen gemeinsam, ob und wie der Segen Gottes spürbar werden kann, wenn man sich ihm anvertraut.

- **Segensfeier**

Wir bereiten gemeinsam eine Segensfeier vor. Dazu können die Kinder Lieder aus-suchen, die Geschichte von Blasius in Bildern malen und nacherzählen, einen Ab-laufplan mit entsprechenden Symbolen auslegen. Wir schreiben den Text des Bla-sius-Segens auf einen Pappteller oder eine Tortenspitze, so dass er wie ein gerahmtes Bild aussieht, und verzieren ihn mit bunten Wachsstiften.

- **Kerzen verzieren**

Handelsübliche Kerzen lassen sich mit Wachsplättchen oder Knetwachs verzieren. Welche Motive kommen in Frage? Z. B. können zwei aus Wachs modellierte, ge-kreuzte Kerzensymbole auf eine Stumpenkerze gedrückt werden zum Aufstellen und Anzünden am Bett zum Abendgebet oder am Krankenbett in Erinnerung an den Blasius-Segen. Oder ein Langkerzenpaar wird mit Buchstaben verziert: Die eine mit dem Anruf des Heiligen, »Heiliger Blasius«, die andere mit dem Satz »Bitte für uns«, oder mit schönen Motiven vom Herzen bis zum Kreuzsymbol.

- **Schwimmkerzen in einer Schale**

Gottes Liebe trägt! Zu diesem Motiv wird eine große Wasserschale in die Kreis-mitte gestellt. Jedes Kind stellt eine Kerze darauf, und wir beobachten gemeinsam, wie sie über Wasser gehalten wird. Man kann die Kerzen zuvor mit einem Symbol oder dem Monogramm des Namens verzieren.

- **Ein Gebetbuch anlegen**

Die Gruppe oder jedes Kind für sich legt ein kleines Gebetbuch an mit Klage-, Dank-, Lob- und Bittgebeten. Als Titelseite wird das Blasius-Monogramm oder ein anderes schönes Titelbild gestaltet. Verschiedene Kindergebetbücher können dazu als Vorlage auf einem Tisch ausgelegt werden.

- **Blasius-Leporello**

Zum Blasius-Tag oder Blasius-Segen wird ein kleines Leporello mit dem Segensgebet und anderen Gebeten für Kinder gestaltet und ausgegeben. Die Rückseiten bleiben frei, so dass jeder hier seine Lieblingsgebete oder Psalmworte einkleben bzw. aufschreiben kann. Das Schnittmuster wird dazu entlang der Mittellinie nach hinten gefaltet und zusammengeklebt. Wer will, verziert es oder malt es mit Buntstiften an.

| | | | |
|---|---|---|---|
| | | | |
| Auf die Fürsprache des heiligen Blasius bewahre dich der Herr vor Halskrankheit und allem Bösen. Es segne dich Gott, der Vater und der Sohn und der Heilige Geist. Amen. | Der Herr segne und behüte uns. Er lasse sein Angesicht über uns leuchten und sei uns gnädig. Er schaue auf uns und schenke uns seinen Frieden. Amen. | Der Herr segne dich. Er lasse sein Angesicht über dir leuchten und schenke dir das Leben in Fülle. Amen. | Der allmächtige Gott schenke dir Gesundheit und Heil. Er segne dich auf die Fürsprache des heiligen Blasius durch Christus, unsern Herrn. Amen. |

4. Die belebende Kraft

- **Abendlied: Wenn ein schöner Tag zu Ende geht**

Wenn ein schö-ner Tag zu En - de geht, falt' ich mei-ne Hän-de zum Ge-bet und dann sinn' ich, ja dann sinn' ich mei-nem Tag noch ein - mal nach, und dann sinn' ich, ja dann sinn' ich mei-nem Tag noch ein - mal nach!

2. Wenn ich dann zu Bette geh',
   und den Mond am Himmel leuchten seh',
   ja dann weiß ich, ja dann weiß ich,
   dass einer für mich wacht.

3. Wenn ich unter meine Decke kriech',
   weil ich plötzlich große Ängste krieg',
   ja dann flüster' ich, ja dann flüster' ich
   meinen Kummer in dein Ohr.

4. Wenn ich morgen früh aufsteh'
   und die Sonne am Fenster strahlen seh',
   ja dann spür' ich, ja dann spür' ich,
   dass du mir zugelacht.

T. u. M.: Wolfgang Gies © beim Autor

## 4.3 Veronika

Meister von Flémalle, Heilige Veronika, um 1430

Februar

*Name: die Sieg Bringende; abgeleitet von »vera/icon« = wahres Bild*
*Jüngerin Jesu*
*\* in Israel zur Zeit Jesu*
*† 70 in Soulac in Frankreich (?)*
*Patronin u. a. der Leinenweber und -händler*

Uns ist die heilige Veronika nach einer Legende aus dem 15. Jahrhundert von der sechsten Kreuzwegstation vertraut, wo sie Jesus auf dem Weg zum Kreuz ein Schweißtuch reicht und er sie dafür belohnt, indem er einen Abdruck seines Gesichts darin hinterlässt. Doch hierfür gibt es keinen biblischen Beleg.
Eine ältere Legende weiß zu berichten, dass Veronika so von Jesus fasziniert war, dass sie einen Maler aufsuchen wollte mit der Bitte, ihr ein Bild von Jesus zu malen, damit sie ihn immer bei sich tragen könne. Unterwegs sei ihr Jesus begegnet und habe sie auf das weiße Tuch in ihrer Hand angesprochen. Sie habe ihm daraufhin das Tuch gereicht und er habe sein Antlitz dort hineingedrückt, so dass es immer sichtbar blieb. Dem Tuch wurde Heilkraft zugesprochen, sogar Kaiser Tiberius sei durch die Berührung damit gesundet.
Tatsächlich wird an wechselnden Orten von einem solchen Abbild Jesu berichtet. Die Vermutung liegt nahe, dass das in Turin aufbewahrte Grabtuch ursprünglich als Schweißtuch der Veronika verehrt wurde. Leichentücher galten als unrein und durften nicht verehrt werden. So wurde das fünffach zusammengefaltete Tuch mit dem Kopfabbild nach oben gelegt, so dass es nicht mehr als Leichentuch zu erkennen war.
Veronikas Gebeine werden in der Kirche St. Seurin in Bordeaux verehrt als Inbegriff eines Menschen, der das Bild des leidenden Jesus im Herzen trägt.

## Ideenbaum: Viele Bilder stellen Jesus dar

- **Ein Bild von Jesus**

Wie stellen sich Kinder Jesus vor – wie sollen wir ihn uns vorstellen? Darum soll es gehen. Ein weißes Tuch (eine alte Tischdecke oder Party-Flies-Decke) wird auf einer wasserfesten Unterlage ausgebreitet und mit Fingerfarben bemalt. Je nach Alter der Zielgruppe sollte möglichst mit den Fingern oder einem Schwämmchen großflächig und mit abstrakten Farbflächen gearbeitet werden. Beim Malen nicht sprechen!
Bevor wir anfangen, machen wir uns mit dem Material vertraut, suchen bewusst die Stille bei ruhiger Musik, begeben uns in einer angeleiteten Fantasiereise in die gedankliche Nähe Jesu oder in das Land der Farben und Formen: Was erinnert mich hier an Jesus? Welche Farben kommen vor mein inneres Auge? Welche Symbole oder Landschaften tauchen auf und bewegen mich, sie zu malen? Jeder beginnt erst dann, wenn er in sich den Punkt spürt, wo es ihn nach Ausdruck drängt.

- **Mein Lieblingsbild von Jesus**

In der Kreismitte sind viele unterschiedliche Bilder von Jesus, aber auch andere Motive ausgelegt (Symbole, Landschaften, Menschentypen, Pflanzen, Handbilder). Die Teilnehmer dürfen sich eine geraume Zeit mit den Bildern beschäftigen, mit dem ein oder anderen anfreunden und am Ende für ein Motiv entscheiden, das ihnen am besten zu ihrem Bild von Jesus zu passen scheint. Dann stellt jeder sein Lieblingsbild von Jesus den anderen vor. Es ist auch denkbar, sich mit einem Partner zusammenzusetzen oder im Raum mit dem Bild in der Hand umherzugehen und jemanden, der einem zufällig begegnet, auf sein Bild anzusprechen und sich von anderen ansprechen zu lassen.

- **Viele Bilder stellen Jesus dar**

Ausgesuchte Jesusbilder der Kunstgeschichte werden einzeln in der gesamten Gruppe oder – bei großer Teilnehmerzahl – auch differenziert in Kleingruppen betrachtet, bei Bedarf kunsthistorisch erklärt und gemeinsam besprochen. Bildvergleiche oder unterschiedliche Ansichten beleben ein Gespräch. Am Ende kann eine biblische Belegstelle aufgeschlagen und dazu gelesen werden. Dies eignet sich auch als Baustein für eine Andacht oder eine Katechese im Gottesdienst.

- **Jesus-Metaphern**

Wir malen eigene Vorstellungen von Jesus (wenn Jesus eine Blume, Landschaft oder ein Weg wäre usw.) oder orientieren uns an biblischen Metaphern (guter Hirt, Weizenkorn, Weinstock, Sämann/Saatkorn, Licht/Sonne, Tor zum Leben usw.). Wir können auch frei zu dem Satzanfang assoziieren: »Jesus ist für mich wie …«

- **Cluster**

In der Mitte des Tisches oder im Kreis liegt ein großes Jesusporträt, sein Name, Hoheitstitel oder ein Christus-Monogramm. Die Kinder sammeln in Clusterform rundherum Wortschnipsel, Assoziationen in Wort und Bild oder Fragen zu Jesus. Einzelnen, hervorstechenden Aspekten wird dann je eine Gesprächsrunde gewidmet.

- **Gleichnisse – Bilder Jesu**

Wir haben zwar kein Foto oder Gemälde von Jesus, aber wir kennen Bilder von ihm, die er erzählt hat: die Gleichnisse in der Bibel. Wir lesen und gestalten sie nach, z. B. das Gleichnis vom guten Vater (Lukas 15,11–32), vom Festmahl (Lukas 14,15–24), vom Sämann (Lukas 8,4–8) oder vom barmherzigen Samariter (Lukas 10,25–37). Viele Heilige haben sich diese Gleichnisse Jesu zum Vorbild genommen.

- **Schaukästen**

Nach Bilderbuchgeschichten von Jesus gestalten wir kleine Schaubühnen in einem Pappkarton mit der Szenerie der jeweiligen Erzählung (Krippe, Kana, Zachäus, Bartimäus, Jairus, Abendmahl, Passion), so dass am Ende ein Lebensporträt mit Bildstationen aus Jesu Leben entsteht.

- **Mobile oder Bilderfolge**

Selbst gemalte Kinderbilder von Jesus zu entsprechend erarbeiteteten Jesusgeschichten lassen sich zu Bildfolgen (Leporello, Album, Dia-Serie, Hungertuch, Wandfries oder Mobile) zusammenstellen. Maltechniken können sein: Wachskreide, Bunt- oder Wachsstifte, OH-Folienbilder, mit OH-Stiften bemalte Diarähmchen, Rußbilder oder Zeichenkohle.

- **Bildbetrachtung**

Das Bild auf der nächsten Seite wird gemeinsam betrachtet. Es fällt auf, dass sich jeder Künstler sein eigenes Bild von Jesus macht. So haben nicht nur die Maler in der Kunstgeschichte, sondern auch die Schreiber und Dichter jeweils aus ihrer Augenhöhe und Sichtweise ein Bild von Jesus entworfen. Auch die Evangelisten setzten eigene Schwerpunkte.

Christus mit dem Kreuz als Vorbild für die Maler,
Kupferstich (1602/1603)

# 5. Die Kraft des Wortes

*Gottes Wort*
*ist wie Licht*
*in der Nacht.*

Stärke mich, du Heiliger Geist, dass ich das Heilige bewahre! So bewahrten Männer und Frauen das Evangelium in ihrem Herzen oder hielten es auf Papier fest. Zuerst waren es die Wortführer der jungen Gemeinden und die Evangelisten. Später kamen die großen Glaubensboten und Gründer der Missions-Orden hinzu, die Gottes Wort auf ihre Fahnen schrieben. Der Missionseifer blieb nicht unumstritten. Widerstände von innen und außen taten sich auf. Glaubwürdig blieben Glaubensboten, wenn sie sich eng an die Botschaft Jesu hielten und sein Evangelium ohne eigennützige Hintergedanken und Machtansprüche unverfälscht vorlebten – viele bis ins Martyrium.

## Ideenbaum zur Bibel

- ### Bibelrolle

Jedes Kind bekommt eine »Pergamentseite« (DIN A4 hochkant)
und darf darauf eine Geschichte von Jesus und seinen Freunden darstellen. Je nach
Alter kann das ein großes Bild, eine Bildfolge, eine (Teil-)Abschrift etwa in besonders schöner Federschrift oder eine Nacherzählung mit eigenen Worten sein. Alle
Seiten werden mit breitem Klebeband zu einem langen Band aneinander geklebt.
An Rundstäben (Baumarkt/zerkleinerter Besenstil) oder Papprollen befestigt wird
daraus eine Schriftrolle.

- ### Tapetenrolle

Etwas leichter zu erstellen ist eine einfache Bibelrolle aus einer Tapetenbahn oder
einer Butterbrotpapier-Rolle. Mehrere Kinder können hier gleichzeitig eine Bildergeschichte gestalten, wenn vorher die Abschnitte auf der Rolle markiert und die
Szenen durch kleine Bildtitel vorgegeben werden. Man kann auch mehrere Text-
stellen der Bibel mit kindgemäßen Jesusgeschichten schrittweise erarbeiten. So
füllt sich im Laufe des Jahres die Rolle und wird immer mehr zu einer Jesusbibel.

- **In einer kleinen Runde die Bibel miteinander teilen**

Die Auswahl des Bibeltextes richtet sich natürlich ganz nach den Fähigkeiten und Vorerfahrungen der Teilnehmer und verweist inhaltlich, wenn möglich, auf den Tagesheiligen, an den wir besonders denken wollen.

Wir setzen uns bequem in einen Kreis, gestalten die Mitte mit Kerzenlicht und Tüchern und legen eine Bibel dazu.

Dann werden wir still und warten, bis alle zur Ruhe gefunden haben. Eine Klangschale hilft als akustische Einladung zur Bibelbegegnung.

Zur Einstimmung kann ein Lied gesungen oder ein freies Gebet gesprochen werden, wie z. B. »Herr, gib uns Mut zum Hören« (Gotteslob 521).

Ein Bibeltext wird aufgeschlagen und ein- bis zweimal vorgelesen. Die Auswahl richtet sich nach dem Motiv des jeweiligen Tagesheiligen oder dem Thema, das die Lerngruppe gerade besonders bewegt.

Nach dem Anhören des Textes wird ein Redestab im Kreis herumgegeben. Wer den Stab in der Hand hält, darf etwas zu dem Bibeltext sagen,

- was ihm daran besonders anspricht,
- worüber er sich ärgert oder wundert,
- was er noch nicht verstanden hat.

Dann lesen wir die Geschichte noch einmal nach und klären die offenen Fragen anschließend soweit wie möglich im Gespräch. In einer abschließenden Runde sagt jeder, der das Wort erhält,

- was ihn ganz persönlich an dieser Runde bewegt hat,
- was er von dieser Bibelaussprache mitnehmen möchte,
- wann er diese Geschichte gerne erzählen oder hören würde,
- wie man diese Bibelbotschaft im Alltag umsetzen kann (etwa unter Verweis auf den Tagesheiligen und einem Beispiel aus seinem Leben).

Die Runde wird mit einem freien Gebet oder Lied beschlossen, z. B. »Gottes Wort ist wie Licht in der Nacht« (TfG 706). Jeder bekommt eine Kopie des Schriftwortes zum Mitnehmen.

- **In einer großen Gruppe die hl. Messe feiern**

Wenn man mit einer großen Gruppe Gottesdienst feiern möchte, kann man alle einbeziehen, indem verschiedenen kleineren Gruppen Aufgaben zugeteilt werden, mit denen sie zum Gottesdienst beitragen. Mögliche Aufgabenfelder:

**Gruppe 1:** Lieder für den Gottesdienst
z. B. Liedauswahl treffen, Singen üben, ggf. mit Instrumenten

**Gruppe 2:** Gabenbereitung
z. B. Brot backen, Brotzeremonie vorbereiten, Prozession üben, Gabengebet sprechen

**Gruppe 3:** Altarschmuck
z. B. Raumgestaltung, Altartuch, Kerzen verzieren, Blumengesteck

**Gruppe 4:** Kyrie
z. B. Klagemauer als Bußbesinnung gestalten, Texte finden

**Gruppe 5:** Gloria/Sanctus
z. B. Bildwand/Bildfolge zu einem Loblied gestalten (Schöpfung)

**Gruppe 6:** Schriftwort
z. B. biblischen Text ausgestalten als Sprechszene, Stabpuppen-, Szenenspiel

**Gruppe 7:** Predigtgespräch
z. B. Gespräch (Katechese) vorbereiten, Anspiel, Podiumsdiskussion, Text mit verteilten Rollen, Reporterspiel, thematische Arbeitsgruppen oder an Heiligen orientieren

**Gruppe 8:** Fürbitten
z. B. Hoffnungsbaum gestalten mit Wünschen für uns und andere, Fürbitten nach Bildern/Zeitungsberichten schreiben

**Gruppe 9:** Sakraler Tanz/Bewegungslieder
z. B. zu einem Lied einen gemeinsamen Tanz oder Bewegungen einstudieren (Kleines Senfkorn Hoffnung, Vaterunser)

**Gruppe 10:** Segen
z. B. Schlussbild gestalten (Gruppenpantomime), Andenken basteln und verteilen, Segensritual vorbereiten

## 5.1 Markus

Albrecht Dürer, Markus (links)
und Paulus (rechts),
1526 (Ausschnitt),
Alte Pinakothek, München

*Name: dem Kriegsgott Mars geweiht*
*Evangelist, Bischof von Alexandria,*
*Märtyrer*
*\* in Jerusalem (?)*
*† 68 (?) in Alexandria (?)*

**April**

*Attribute: geflügelter Löwe und Schreibfeder*
*Patron von Venedig und der Insel Reichenau, der*
*Bauarbeiter und Notare*

»Lesung aus dem heiligen Evangelium nach Markus.« So heißt es oft am Sonntag in der Kirche, denn der Levit Johannes Markus ist einer der vier Evangelisten, die über Jesus geschrieben haben. Er zählte zum engsten Kreis der Jünger, die nach Jesu Tod und Auferstehung in Jerusalem die Urgemeinde gründeten und von dort zu ersten Missionsreisen aufbrachen. Seine Mutter hieß auch Maria, wie die Mutter Jesu. Er zählte zu den Juden, die sich von Petrus und seinen Freunden angezogen fühlten und sich zu Christus bekannten, auch als sie angefeindet und verfolgt wurden. Petrus nannte ihn »Sohn« (1 Petrus 5,13) und nahm ihn als Dolmetscher auf seine Reisen mit. Markus hat auch Paulus zeitweise begleitet. Er soll ihn bewogen haben, das Evangelium aufzuschreiben. Markus benutzte dazu wahrscheinlich Briefe des Petrus und andere Quellen, die aber verloren gegangen sind. Die Evangelisten Matthäus und Lukas hatten die gleichen Quellen und kannten die Schriften des Markus. Johannes, der vierte Evangelist, hat weitgehend unabhängig davon sein Evangelium geschrieben.

Markus hat meist über andere, wenig über sich selbst geschrieben. So wissen wir nicht sehr viel über sein Leben. Nach 65 zog er, so sagen es einige Quellen, nach Alexandria und gründete dort eine Gemeinde, aus der die koptische Kirche hervorging. Der Legende nach wurde er dort im Jahr 68 am Altar von Christusgegnern ermordet und aus der Kirche geschleift. Seine Gebeine werden heute im Dom San Marco in Venedig verehrt.

# Ideenbaum rund um die Bibel

- **Bibelgeschichten sammeln**

Aus den ersten Schriftrollen wurde die Buchform entwickelt. In einem Aktenordner kann man viele Bibelgeschichten sammeln. So entstand auch die Bibel aus vielen Einzelschriften. Ein schönes Gemälde kann man als Titelbild auf einen Aktenordner kleben.

- **Eine Bibelgeschichte abschreiben**

Welche Geschichten von Jesus aus dem Markusevangelium sind in der Gruppe bekannt? Wir erzählen sie uns oder schlagen sie im Markus-Evangelium nach. Man kann auch eine schöne Bibel-Seite gestalten, indem man eine Geschichte des Markus aussucht, abschreibt oder eine Bildergeschichte daraus werden lässt.

- **Das Schreibgerät des Markus**

Gedruckte Bücher kannte Markus noch nicht. Alles wurde mit der Hand geschrieben. Man nahm Vogelfedern und rührte Tinte aus stark färbenden Pflanzenextrakten. Wer das Federschreiben ausprobieren will, besorgt sich große Gänsefedern. Früher schnitt man sie unten auf, entfernte das Mark und stellte sie in Wasser, bis sie weiß wurden. Den eingeweichten Kiel steckte man nun in heißen Sand. Dadurch wurden die Spitzen transparent und hart. Dann wurde die Haut heruntergekratzt, bevor der schräge Zuschnitt erfolgen konnte. Geschrieben wurde damals auf Lederhäute oder Pergament. Eine Rolle Butterbrotpapier sieht ähnlich aus. Als Tinte nimmt man heute besser Japantusche.

- **Internet-Links**

http://www.jungschar.at/bibel/kinderundbibel.htm
http://www.diebibel.de/

- **Reporterspiel**

Die Sprechblasen werden als Impulskarten zur Auswahl offen oder verdeckt auf den Tisch gelegt. Einer beginnt als Reporter mit Mikrofon und führt ein Interview zum Thema Bibel mit anderen Teilnehmern. Dabei darf er sich der Impulse bedienen:

## 5.2 Bonifatius (Winfried)

Name: der Wohltäter
(Winfried: Freund des Friedens)
Missionar, Erzbischof von Mainz, Märtyrer
*672 (oder 673) in Crediton (?) in der Grafschaft
Devonshire in England
† 5. Juni 754 bei Dokkum in den Niederlanden
Attribute: u. a. Eiche und Axt
Patron von England und Thüringen, u. a. der Bierbrauer,
Feilenmacher und Schneider

Juni

Szenen aus dem Leben des Bonifatius
(Taufe eines Heiden und Märtyrertod),
11. Jh., Fuldaer Sakramentar

Man schrieb das Jahr 718, als Papst Gregor II. Bonifatius eine für uns in Deutschland folgenreiche Aufgabe übertrug. Bonifatius, der vor seiner Weihe Wynfreth (Wienfried) hieß, sollte sich um die Heidenmission in den deutschsprachigen Regionen, in denen man nicht viel vom Christentum wissen wollte, kümmern. Mit Bischof Willibrord bereitete er sich auf die schwere Aufgabe vor und bereiste zunächst das Friesland und Thüringen. Er hatte schon Erfahrungen gesammelt und große Verdienste erworben, so dass man in Rom auf ihn aufmerksam geworden war. Ursprünglich kam er aus Exeter in England. Dort hatte er studiert, war Priester geworden und hatte wohl als Hochschullehrer gearbeitet. Er war sehr sprachgewandt und schrieb Gedichte. Jetzt galt es, neue Gemeinden aufzubauen und die vielen kleinen kirchlichen Gruppen in Europa von Irland über den englischen Raum und das Frankenreich bis nach Thüringen und Hessen zusammenzuführen und der römischen Kirche zu unterstellen. 747 wurde er zum Erzbischof von Mainz geweiht.

Am Ende seines Lebens brach er noch einmal mit seiner Gefolgschaft nach Friesland auf. Zu Pfingsten 754 wurden Bonifatius und seine Begleiter aber von Widerständlern bei Dokkum angegriffen und erschlagen.

Seine Gebeine werden in Fulda verehrt. Hier treffen sich seit 1867 die deutschen Bischöfe zu ihrer Jahreskonferenz und werden im Schlussgottesdienst im Dom einzeln mit den Reliquien des heiligen Bonifatius gesegnet.

## Ideenbaum auf den Spuren des Bonifatius

- **Überzeugungskraft mit der Axt**

Bischof Bonifatius kam auf einer seiner vielen Missionsreisen nach Geismar im Hessenland. Dort stand eine uralte, knorrige Eiche auf dem Dorfplatz. Sie war Donar, dem germanischen Donnergott, geweiht.

Bonifatius hatte sich eine scharfe Axt mitgenommen, denn er dachte: Wenn ich diesen Götzenbaum fälle, werden sie einsehen, dass ihr Donnergott machtlos ist gegenüber dem Christengott. Als der Bischof die Axt an die Eiche legen wollte, scharten sich die Menschen bedrohlich zusammen. Durfte er es wagen, diesen heiligen Baum der Germanen anzutasten? Doch Bonifatius hatte keine Angst. Er ging durch die Reihen der Verteidiger auf die Eiche zu und schlug mit der Axt gegen den alten Stamm, bis die Eiche mit lautem Krachen umstürzte. Entsetzt sprangen die Menschen zur Seite, voller Angst vor der Rache des Donnergottes, der doch jetzt mit Blitz und Donner zuschlagen musste. Aber alles blieb totenstill. Nur das Geäst des Baumes stöhnte und ächzte noch ein wenig unter der schweren Last.

Da baute sich Bonifatius vor den eingeschüchterten und verängstigten Menschen auf. Er erzählte ihnen, dass es keinen strafenden Donnergott gibt, sondern nur den Gott, von dem Jesus Christus als seinem Vater gesprochen hat. Der einzige, wahre Gott ist die Liebe, verkündigte Bonifatius. Wir alle sind Kinder dieses gütigen und barmherzigen Gottes. Wenn ihr zu ihm gehören wollt, dann lasst euch auf den Namen Jesu Christi taufen!

Das überzeugte längst nicht alle, aber ein Anfang war gemacht. Jetzt mussten weitere Taten folgen: Aus dem Holz der gefällten Eiche ließ Bonifatius eine Kapelle zu Ehren des heiligen Apostels Petrus bauen als sichtbaren Mittelpunkt der neuen Gemeinde Jesu.

*(Nach einer alten Legende)*

- **Wappen als Hoheitszeichen**

Wappen waren Hoheitszeichen. Sie verliehen dem Träger Macht und Gewicht. Aus der kleinen Urgemeinde in Jerusalem war inzwischen die römische Kirche geworden. Sie vertrat jetzt auch eigene Interessen und verfolgte politische Ziele. Das kann Kindern im Ansatz deutlich werden, wenn sie das Wappen als Hoheitszeichen des Bonifatius ausmalen: Eiche und Axt. Gleichzeitig werden sie aufmerksam auf die Heraldik an sich, wo sich vielfach auch Heilige im Wappen zeigen. Wir finden sicher Beispiele im regionalen Nahbereich.

## Kopiervorlage zum freien Ausgestalten

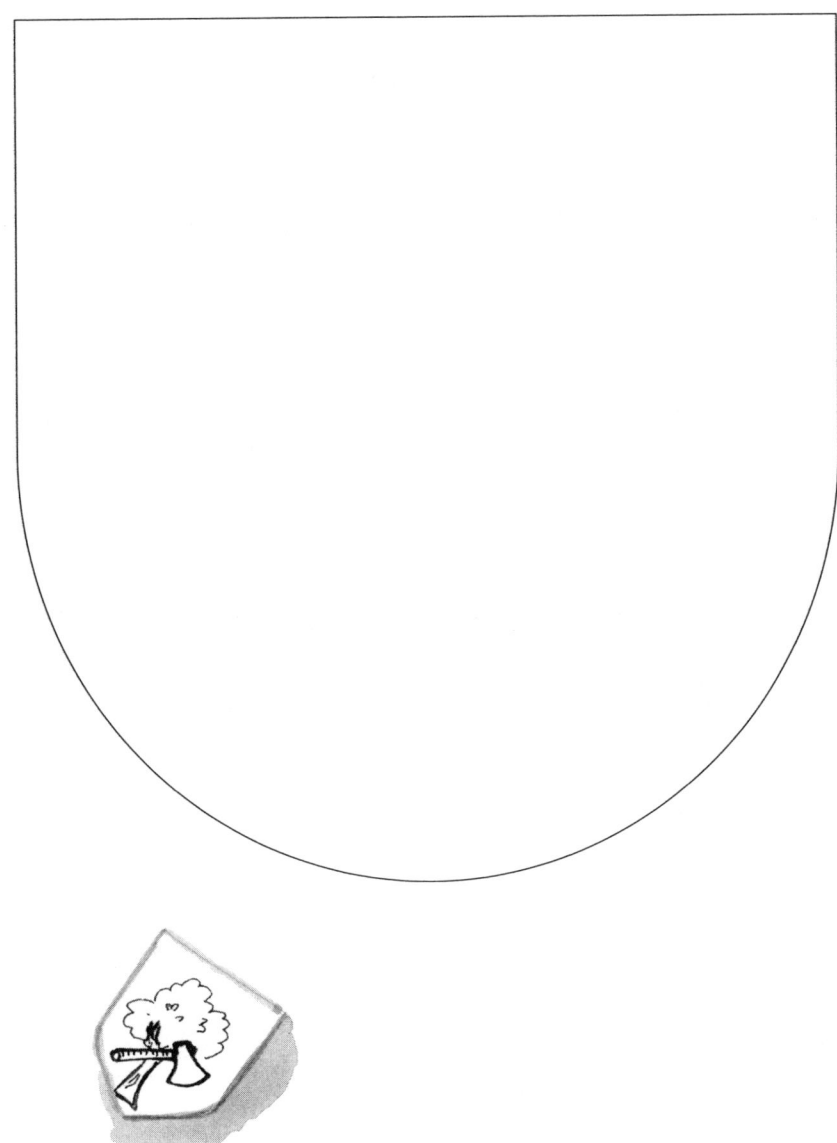

●  **Rollenspiel**

Die Legende erzählt nicht genau, wie es sich damals zugetragen hat. Sie lässt aber erkennen, wie die Menschen zur Zeit des Bonifatius dachten und wie sie ihre Erfahrungen mit dem sich ausbreitenden Christentum deuteten. Im Rollenspiel kann diese Situation nachempfunden werden. Die Impulskarten sollen verschiedene Standpunkte vorgeben: Karten kopieren, einzeln oder als Leporello gefaltet auslegen und die Szene aus verschiedenen Perspektiven spielen.

| | | | |
|---|---|---|---|
| Bonifatius fühlt | Bonifatius denkt | Bonifatius sagt | Bonifatius handelt |
| Seine Freunde fühlen | Seine Freunde denken | Seine Freunde sagen | Seine Freunde handeln |
| Seine Gegner fühlen | Seine Gegner denken | Seine Gegner sagen | Seine Gegner handeln |
| Einige Beobachter fühlen | Einige Beobachter denken | Einige Beobachter sagen | Einige Beobachter handeln |

## 5.3 Johannes der Täufer

24.

Juni

*Name: Gott ist gnädig*
*Prophet, Täufer Jesu, Märtyrer*
*\* 24. Juni 1 v. Chr. bei Jerusalem (?)*
*† nach 29 in Jerusalem (?)*
*Attribute: Fellgewand, Lamm, Kreuzstab*
*Patron u. a. von Burgund, Malta und der Provence, der*
*Schneider und Weber*

Die Taufe des Jesus von Nazaret
durch Johannes den Täufer, Illustration aus
»Très Riches Heures du Duc de Berry«, 15. Jh.

»Eine Stimme ruft in der Wüste: Bereitet dem Herrn den Weg!«, mit diesem Ruf des Johannes, einem Zitat aus Jesaja, beginnt das Markus-Evangelium. Johannes »trug ein Gewand aus rauem Kamelhaar und um seine Hüften einen ledernen Gürtel. Er ernährte sich von Heuschrecken und wildem Honig« – dem Geschichtsschreiber Flavius Josephus zufolge seit dem Jahr 28. Während Johannes unweit der Qumran-Gemeinde am Toten Meer eindringlich das Kommen des Messias verkündet, zur Umkehr mahnt und als Zeichen dafür die Bußtaufe mit Wasser vollzieht, sucht Jesus ihn auf und lässt sich von ihm taufen: »Und als er aus dem Wasser stieg, sah er, dass der Himmel sich öffnete … Und eine Stimme aus dem Himmel sprach: Du bist mein geliebter Sohn, an dir habe ich Gefallen gefunden!« (Markus 1,9–11) Ein göttlicher Fingerzeig.

Johannes, Sohn der Elisabet und des Zacharias, wurde ein halbes Jahr vor Jesus geboren. Er behauptete nicht, der Messias zu sein, kündigte diesen aber an. Schon lange wurde Johannes von König Herodes »observiert«: König Herodes schlug zu, als Johannes die skandalöse Liebschaft des Fürsten mit seiner Schwägerin Herodias öffentlich anprangerte. Der Kritiker landete im Gefängnis. Als Salome, die uneheliche Tochter, einen Wunsch bei ihrem Vater Herodes frei hatte, forderte sie auf Drängen der Herodias den Kopf des Johannes. »Salome brachte ihrer Mutter das Haupt auf einer Schale«, so schildert Markus den Tod des Propheten (Markus 6,14–29).

## Ideenbaum zu Umkehr und Neuanfang

- **Was krumm ist, soll gerade werden**

Kinder können sich noch nicht die Umkehr als existenzielle Lebenserfahrung vorstellen. Doch sie kennen die kleinen Veränderungen in der Haltung des Menschen, ablesbar an der Mimik.

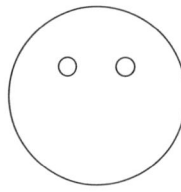

In ein mundloses Gesicht malen wir zunächst (als Folie für alle sichtbar oder jeder für sich) verschiedene Mundstellungen und Stirnfalten ein oder legen sie mit kleinen, biegsamen Drähten in das Gesicht. Wir überlegen, welche Stimmungen darin jeweils zum Ausdruck kommen. Wir tauschen uns darüber aus.

Dann überlegen wir uns Lebenssituationen, die uns traurig, sauer, schuldbewusst oder bedrückt sein lassen, und bringen sie in kleine Erzähl- oder Spielszenen. Wie kann man jemanden wieder froh machen und zum Lachen bringen?

Wir bringen die Szenen weiter zum guten Ende und zeigen auf, wie wir jemanden, der gekränkt oder traurig ist, wieder froh machen können. Auch Schuld und Vergebung können dabei zur Sprache kommen. Dazu lassen wir die missmutigen Gesichter froh werden und verändern die Gesichtszüge entsprechend im Spiel und als Muster im Bild.

Am Ende hören wir von Johannes (Lukas 3,1–22) aus der Bibel die Mahnung zur Umkehr: »Was krumm ist, soll gerade werden«. Er weist damit auf Jesus als den kommenden Christus. In vielen Jesusbegegnungen spiegelt sich dieses Muster der Umkehr wieder (z. B. bei Zachäus).

Auch im Leben vieler Heiliger finden wir solche Umkehrmomente (Petrus und Paulus, Augustus, Franziskus …) als Berufungserfahrungen. Einsicht und Abkehr vom Bösen wird so als Grundmuster des christlichen Glaubens erkennbar. Das Wesen der Sakramente Taufe und Buße wird von diesen Momenten des Neuanfangs im Leben durch Zuwendung zum Wort Gottes bestimmt.

# Die Mahnungen des Johannes

Die Karten werden kopiert und ausgeschnitten. Dann darf jeder einen Satz als Spruchkarte oder Plakat gestalten, eine Szene als sprechendes Denkmal stellen (Standbild), in eine bewegte Pantomime umsetzen, eine musikalische Improvisation daraus werden lassen oder mit eigenen Worten aufschreiben. Einige Sätze erinnern an andere Heilige hier im Buch: z.B. Bonifatius, Petrus, Martin, Franziskus …

| | | |
|---|---|---|
| Bereitet dem Herrn den Weg! | Ebnet ihm die Straßen! | Jedes Schlagloch soll aufgefüllt werden! |
| Jeder Hügel soll abgetragen werden! | Was krumm ist, soll gerade werden! | Was uneben ist, soll geglättet werden! |
| Seht, welches Glück von Gott ausgeht! | Bringt Früchte hervor! | Zeigt, dass ihr euch vom Bösen abkehrt! |
| Selbst aus einem Stein kann Gott Kinder Abrahams werden lassen. | Schon ist die Axt gelegt an den Baum, der keine Frucht bringt. | Was sollen wir demnach tun? |
| Wer zwei Mäntel hat, gibt einen an den, der keinen hat. | Wer zu essen hat, teile sein Brot mit dem, der hungert. | Nehmt nicht mehr, als euch zusteht. |
| Tut niemandem weh! | Setzt niemanden unter Druck! | Geht sorgsam mit eurem Geld um. |

- **Wo dein Schatz ist, da ist auch dein Herz … (nach Lukas 18,18–30)**

Ein junger, reicher Mann hatte Jesus lange zugehört. Dann brannte ihm eine Frage auf den Nägeln: »Wie kann ich denn Anteil gewinnen an dem himmlischen Glück, von dem du redest? An die Gebote halte ich mich gewissenhaft, wie sie es mir von klein an eingetrichtert haben. So streng, wie wir zu Hause erzogen wurden, würde ich es gar nicht wagen, etwas falsch zu machen! Aber wenn ich ehrlich bin: Wirklich glücklich fühle ich mich heute nicht, obwohl ich Geld genug habe. Ich habe mir mit meiner Hände Arbeit und viel Fleiß ein kleines Vermögen zusammengespart, ehrlich verdient!«

»Wenn du mich fragst, wie du dein Glück vollkommen machen kannst, dann nimm deinen ganzen Besitz, verkauf ihn und gib von dem Geld denen, die es nötig brauchen! Dann gehst du auf dem Weg, den ich gehe! Dann wirst du erfahren, was Glück bedeutet! Dann kannst du dein Glück finden – bei Gott! Ein Reicher wird den Weg zum Glück nur schwer finden«, hatte Jesus noch angefügt.

Das saß! Tief betroffen verstand er Jesus augenblicklich. Und er erkannte, wo sein Glück begraben war: Genau dort, worum er sein ganzes Leben hart gearbeitet hatte – unter dem Geldberg, unter all seiner Geschäftigkeit und seinem Streben nach Reichtum. Ausgerechnet!

Er erkannte, dass dies sein wunder Punkt und der Grund dafür war, warum er gar nicht zufrieden und glücklich geworden war all die Jahre mit seinem ganzen Geld. Zugeschüttet war sein Herz, seine Freiheit mit Geldgier.

Und weil er sich plötzlich so durchschaut fühlte, trat eine kleine Träne in seine Augen, eine Träne der Selbsterkenntnis. Eine zweite Träne gesellte sich aber gleich hinzu: Die Träne der Freude darüber, sich von Jesus erkannt zu wissen und ihn erkannt zu haben.

### Impulse

- Was wundert dich an dieser Umkehrgeschichte?
- Wie wirkt der Vorschlag Jesu auf dich, alles Geld zu verschenken?
- Was ist gleich, was anders an Jesu Mahnung im Vergleich zu Johannes?
- Würde Jesus diesen Rat auch uns geben wollen?
- Was kann uns heute zur Einsicht und Umkehr bringen?
- Wie könnte man die Geschichte heute spielen?

# 6. Die Anziehungskraft Jesu

*Wie mich mein Vater gesandt hat,*
*so sende ich euch!*
Johannes 20,12

Empfangt den Heiligen Geist, der euch zu Kindern Gottes macht! Eines zeichnet Menschen aus, die den Heiligen Geist empfangen haben: Sie sind eines Sinnes und Geistes, angezogen und gehalten von Jesus. Aus der Physik ist die Anziehungskraft als Schwerkraft oder als Magnetismus bekannt. Der Magnetkern bildet ein unsichtbares Kraftfeld, von dem z. B. Eisenspäne angezogen und zu einem kreisförmigen Muster geordnet werden. In der Begegnung zwischen Menschen sprechen wir von Sympathie, wenn wir das Gefühl benennen wollen, das uns gegenseitig anzieht, attraktiv macht, so dass wir gerne zusammen sind und Zuneigung füreinander spüren. Wir wissen auch von der Faszination, die von einer Person ausgehen kann, ihrem Charme oder ihrem Charisma.

Von Jesus muss eine solche Anziehungskraft auf die Menschen seiner Zeit ausgegangen sein. Reiche und Arme, Stolze und Bedrückte jubelten ihm zu. Sie riefen ihn zum Messias aus und wollten ihn zum König erheben. Manche ließen offenbar alles stehen und liegen, um ihm nachzufolgen, wollten wenigstens den Saum seines Gewandes berühren oder ihm so nah wie möglich sein. Sein Geist wirkte anziehend wie die Magnetkraft und zog immer größere Kreise.

# Ideenbaum: Jesus, der Baum des Lebens

Wer an die Seite Jesu tritt, sich von ihm angezogen und angenommen fühlt, der reiht sich ein in eine unendliche Menschenschlange der durch ihn geheiligten Gemeinschaft, die wir Kirche nennen.

Die hohe Glaubenssprache soll übersetzt werden in Erfahrungen der Gruppe anhand eines Bildes.

In diesem Bild stellen wir Menschen an die Seite Jesu. Menschen, die sich zu ihm bekennen und sich an seiner Seite sicher fühlen. »Ihr Freunde Gottes« heißt es in einem alten Kirchenlied, Brüder und Schwestern eines Geistes, beherzt, beseelt, angesteckt, ja manchmal nahezu besessen von seiner Botschaft des anbrechenden, Heil bringenden Reich Gottes. Ohne ihn als Ursprung und Kraftzentrum ist Heiligkeit nicht zu erklären.

Das Bild kann in verschiedenen Schritten erarbeitet werden. Dabei wechseln sich Phasen der Betrachtung, der bildnerischen Nachgestaltung und der pantomimischen Darstellung ab. Dazu kommt jeweils in geeigneter Form eine Aussprache und Auswertung im Gespräch. So wird die Zusammengehörigkeit der Gruppe in der Verbundenheit mit Christus erfahrbar.

• **Bildbetrachtung Teil 1**

Wir betrachten Jesus, wie er uns einsam und hilflos in die Augen schaut. Dann nimmt ein Teilnehmer die Kreuz-Haltung Jesu ein. Wie lange hält die Muskelkraft die Arme in der Waage? Vielleicht kommt jemand in der Gruppe von allein auf die gute Idee, an »Jesu« Seite zu treten, dessen frei ausgestreckten, müden Arm mit seiner Schulter abzustützen und seinen Arm auf »Jesu« Schulter zu legen. Spätestens, wenn sich Ermüdungserscheinungen zeigen, sollte der Leiter den Hinweis geben und anregen, dass sich jeweils links und rechts ein Teilnehmer der Gruppe stützend danebenstellt. Schließlich bildet sich eine Menschenkette, die in einen geschlossenen Kreis mündet, in dem jeder zwei Nachbarn hat und jeder Arm eine stützende Schulter findet.

- **Bildbetrachtung Teil 2**

Im Gruppenbild entdecken wir Jesus als Mitte der Gruppe und finden darin eine Bestätigung für unsere Erfahrung: Jesus lebt inmitten seiner Freunde. Auch wenn er selbst nicht mit in der Reihe steht, spüren wir ihn doch als unsichtbare Kraft der Verbundenheit zwischen uns.

Eine Kopie der Menschenkette lädt uns ein, das Bild selbst weiter zu gestalten, indem wir uns selbst dazumalen, Fotos von uns ankleben oder ein Foto oder Video als Gruppenbild machen.
Alternativ dazu kann auch jedes Kind eine Menschenkette schneiden, die in ein aus Papier gefaltetes Boot geklebt oder zu einer großen Kette zusammengefügt wird (siehe Schnittmuster S. 101).
Wir backen aus Teig modellierte Menschenfiguren und legen sie aneinander. Aus vielen Menschen wird so ein großes »Brot« der Gemeinschaft. (Rezept S. 182)

- **Tanz**

Das Lied »Wenn du singst, sing nicht allein« (TfG 89) oder ein anderes Tanzlied wird in der Gruppe eingeübt und zum sakralen Tanz entwickelt. Dabei fühlt sich jeder in die Melodie ein, probiert eigene Bewegungen, bietet sie ohne Worte vorführend als Tanzmöglichkeit an. Alle machen die Bewegungen Einzelner zunächst

nach, verbinden Elemente mit ihren eigenen Ideen, so dass allmählich im koope-
rativen Prozess ein Kreistanz entsteht.

Ein anderes geeignetes Lied ist »Ich bin der Weinstock« (TfG 626). Wir können im
Rahmen einer kleinen Feier auch einen Baum, Weinstock oder wilden Wein pflanzen und in den nächsten Jahren beobachten und pflegen.

# 6.1 Petrus

29.

Juni

Name: der Fels
Apostel, Märtyrer
* um 1 in Bethsaida im heutigen Syrien
† um 64 in Rom (?)
Attribut: Schlüssel

Albrecht Dürer, Simon Petrus,
Ausschnitt aus: Die vier Apostel, 1526

Der Fischer Simon lebte mit seiner Frau am See Gennesaret. Sein Bruder Andreas war ein Anhänger von Johannes, dem Täufer. Jesus begegnete den beiden, als sie gerade ihre Netze auswarfen. Er sagte zu ihnen: »Kommt, folgt mir nach! Ich werde euch zu Menschenfischern machen!« Die beiden überlegten nicht lange. Sie ließen ihre Netze liegen und gingen mit ihm (Matthäus 4,18–20).
So begann eine aufregende Freundschaft. Sie hielten felsenfest zusammen. Deshalb nannte Jesus den Simon später auch Petrus, den Fels, denn er baute fest auf ihn. Oft begegnet uns Petrus in der Bibel an der Seite Jesu. Auf die kritische Frage: »Für wen hältst du mich?«, bekannte er sich zu ihm als dem Messias. Auf schwankenden Wellen wagte er den Schritt ins kalte Wasser und ging Jesus entgegen. Als sein Glaube ins Schwanken geriet, war es Jesus, der ihn über Wasser hielt und ihn später mit der Stimme des wachsamen Hahns aufrüttelte. Auch wenn Petrus manchmal zweifelte, so verzweifelte er am Ende nicht, sondern wurde zum Zeugen der Auferstehung Jesu und seinem eifrigsten Nachfolger. In der Apostelgeschichte wird er am Pfingsttag als Wortführer genannt und besiegelt seine Solidarität mit Jesus – der Erzähltradition nach – mit seinem Kreuzestod in Rom mit dem Kopf nach unten. In der katholischen Kirche beruft sich die päpstliche Autorität bis auf den heutigen Tag auf das Petrusamt.

## Ideenbaum rund um den See Gennesaret

• **Bibelstellen zuordnen**

Quellenverweise und Satzstreifen werden getrennt als Kärtchen ausgegeben. Wer findet die Bibelstellen und ordnet sie richtig zu?

| | |
|---|---|
| Lukas 5,10 | Jesus beruft Petrus zum »Menschenfischer«. |
| Matthäus 8,14–15 | Die Heilung der Schwiegermutter des Petrus vom Fieber. |
| Matthäus 14,22–33 | Wandel auf dem See Gennesaret. |
| Matthäus 17,1–8 | Verklärung Jesu. |
| Johannes 13,1–20 | Fußwaschung und Abendmahl im Kreis der Apostel. |
| Johannes 18,10 | Bei der Gefangennahme Jesu schlägt Petrus dem Diener des Hohenpriesters ein Ohr ab. |
| Markus 14,66–72 | Petrus verleugnet Jesus dreimal, noch ehe der Hahn kräht. |
| Lukas 24,34 | Petrus ist der erste männliche Zeuge der Auferstehung Jesu. |
| Matthäus 16,16–19 | Jesus bezeichnet ihn als »Felsen« und überträgt ihm die »Schlüssel des Himmelreiches«. |
| Lukas 22,32 | Jesus gibt ihm den Auftrag im Apostelkreis: »Stärke deine Brüder«. |
| Johannes 21,1–19 | Petrus erkennt den Auferstandenen und erhält den Hirtenauftrag: »Weide meine Lämmer!« |
| Apostelgeschichte 2,14–41 | Am Pfingsttag bekennt sich Petrus als Wortführer zu Jesus. |
| Apostelgeschichte 3,1–11 | Petrus heilt einen Lahmen, der vor die Tempelpforte getragen wurde. |
| Apostelgeschichte 4,1–23 | Der Hohepriester Ananias setzt ihn mit Johannes gefangen, lässt sie aber wieder frei. |
| Apostelgeschichte 5,15 | Kranke werden vom Schatten des vorübergehenden Petrus geheilt. |
| Apostelgeschichte 9,32–42 | In Lydda heilt Petrus den kranken Aeneas, in Joppe erweckt er Tabitha vom Tod. |
| Apostelgeschichte 12,1–19 | König Herodes Agrippa I. lässt Petrus ins Gefängnis werfen. Ein Engel löst die Ketten. |
| Apostelgeschichte 15 | Die Meinungsverschiedenheiten mit Paulus (Heidenchristen) werden beim Apostelkonzil ausgeglichen. |

- Bibel-Gespräch

### Von den Fischern am See von Galiläa (nach Matthäus 4,18–22)

Als Jesus am See von Galiläa entlangging, sah er die beiden Brüder Simon, den man Petrus nennt, und Andreas. Sie waren Fischer und lebten vom Fischfang. Sie warfen gerade ein Netz in den See. Jesus sprach sie an und sagte: »Kommt mit, folgt mir nach! Dann werde ich euch zu Menschenfischern machen.« Ohne zu zögern, ließen sie ihre Netze liegen und folgten ihm. Unterwegs trafen sie zwei weitere Brüder, Jakobus, den Sohn des Zebedäus, mit seinem Bruder Johannes. Sie saßen im Boot und waren gerade dabei, ihre Netze auszuwerfen. Auch sie lud Jesus ein. Er rief sie zu sich. Sie verließen ihr Boot und ihren Vater und folgten ihm.

#### Impulse

- Was hat der Vater gedacht, als seine Söhne ihn einfach stehen ließen?
- Wohin folgten sie Jesus wohl?
- Was erlebten sie mit Jesus?
- Was meinte Jesus, als er von Menschenfischern sprach?
- Wie können Menschen ein Netzwerk bilden?
- Wärst du auch Jesus blind gefolgt, ohne zu fragen?

- Petrusfische gestalten

Die kopierten Fisch- oder Schuppenbilder werden ausgeschnitten. Jeder darf sie ausmalen, wie er möchte. Das können frohe Farben sein, aber auch Bildmotive, die darauf hinweisen, was ein Netz aus Menschen im Geist Jesu zusammenhalten könnte: Liebe, Geduld, Zuhören, Helfen, Freundlichkeit, gute Worte usw. Im Bild oder auch in Worten geben wir so jedem Fisch einen »Namen«. Am Ende legen wir die Fische zu einem Schwarm, die Schuppen zu einem Fisch zusammen. Das Auge bleibt reserviert für Jesus (vgl. die Geschichte von Swimmy).

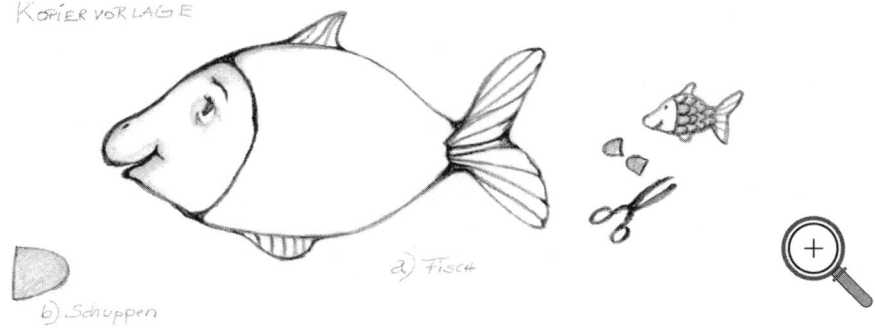

- **Fische aus Satzstreifen gestalten**

Farbiges DIN-A4 Papier wird in 2–3 cm breite Längsstreifen geschnitten. Darauf können Bibelzitate, Freundschaftsworte oder die eigenen Vornamen geschrieben werden. Dann knickt man sie leicht in der Mitte, legt die Enden einmal gedreht aufeinander, schneidet das Schwanzende senkrecht zur Mitte ein und steckt die Schnitte so ineinander, dass eine Fischform entsteht. Die Fische lassen sich ggf. mit einem Teelicht in verschiedenen Formationen in der Kreismitte zusammenstellen.

- **Fischernetz knüpfen**

Wir brauchen dazu je nach gewünschter Größe des Netzes und Anzahl der Teilnehmer eine entsprechend lange, zu einem Ball aufgewickelte Perlonschnur oder ein Wollknäuel. Im Kreis werfen wir uns gegenseitig das Band so zu, dass jeweils der Gegenüberstehende den Faden erhält und mit einer Hand festhält, bevor er das Knäuel wieder einem anderen auf der gegenüberliegenden Seite des Kreises zuwirft. So entsteht ein Netzmuster. Ist der Faden abgewickelt, legen wir das Netz vorsichtig vor uns ab, ohne dass es seine Form verliert. Das Werfen kann still oder mit einem Gesprächsimpuls verbunden sein: Was meinte Jesus mit dem Wort Menschenfischer eigentlich? Was haben die Fischer vom See mit Jesus anschließend unterwegs erlebt? Wer hat sich einfangen lassen vom großen Netzwerk Jesu? Möglich ist auch, bei jedem Wurf dem Gegenüber ein kleines Kompliment zu machen oder auszusprechen, was einen besonders mit ihm verbindet.

- **Petrus verleugnet Jesus (Erzählvorlage)**

Musste es so weit kommen? Petrus starrte in das flackernde Feuer. Warum waren sie nicht einfach abgehauen, als die Soldaten kamen, angeführt von Judas, diesem Verräter? Nicht einmal richtig gewehrt hatten sie sich gegen die Festnahme. Jetzt machten sie wahrscheinlich kurzen Prozess mit Jesus.
Aber was konnten sie ihm überhaupt vorwerfen? Er, Petrus, war mit ihm durch ganz Israel gezogen, hatte miterlebt, wie Jesus mit den Menschen sprach, wie er sie im Augenblick der Begegnung ganz und gar verwandeln konnte. Wie viele sich wieder wie neu geboren und heil fühlten danach. Das sollte ein Verbrechen sein, wenn man so überzeugend von Gott predigte?

Trotzdem: Den Mächtigen im Land war das gar nicht recht, das hatten sie oft deutlich gemacht. Und jetzt? Würden sie Jesus verurteilen? Würden sie ihn foltern oder gar ans Kreuz binden? Was sollte nun aus seinen Jüngern werden?

Gestern Abend beim Mahl hatte er schon eine seltsame Beklemmung gespürt. Jesus saß in ihrer Mitte, nahm das Brot, segnete es, brach es und teilte es mit ihnen. Seine Stimme klang auffallend ernst, als er sagte: »Nehmt und esst alle davon, das ist mein Leib!« Und als er den Kelch nahm, den Wein segnete und sie einlud, mit ihm aus diesem Kelch zu trinken, klang es wie Abschied: »Das ist mein Blut, das für euch und alle vergossen wird! Tut dies, sooft ihr es esst und trinkt, zu meinem Gedächtnis!«

»He, du! Du bist doch auch einer von denen. Du warst doch mit dem Jesus zusammen, den sie gerade anklagen!« Schroff schreckte ihn die Stimme einer Frau auf. »Was redest du da?«, wies er sie rasch zurück, »Den kenne ich doch gar nicht!« Die Angst, entdeckt zu werden, wuchs. Vorhin hatte schon einmal jemand auf ihn gezeigt. Scheinbar unberührt legte er ein Holzscheit in die Glut. Dann rutschte er in den Schatten, um nicht noch mehr aufzufallen.

Was sollte er tun? Seit letzter Nacht war der Freundeskreis auseinander gebrochen. Zu groß war der Schreck, zu tief die Enttäuschung. Warum war er Jesus überhaupt nachgelaufen? Felsenfest war er von ihm überzeugt. Er musste der Messias sein, den die Propheten verheißen hatten. Was hatte er nicht alles von ihm erfahren. Seine Worte gingen ihm nach: »Wenn das Weizenkorn nicht in die Erde fällt und stirbt, bleibt es allein« – als ob er das von sich selbst gesagt hätte! Jesus hatte in letzter Zeit oft von seinem Tod gesprochen. Angst kroch in Petrus hoch. »Wenn es aber stirbt, bringt es reiche Frucht!«, so klangen seine Worte nach. Es lag so viel Hoffnung darin.

»Das Reich Gottes ist wie ein kleines Senfkorn, unscheinbar klein, aber wenn es wächst, wird es groß wie ein Baum.« So hatte Jesus erzählt. Doch wie sollte es jetzt wachsen, ohne ihn, Jesus?

»Aber ja!« Die Flammen waren von einem Windstoß angefacht und hatten den Vorhof erhellt. »Natürlich, der da, der war immer an seiner Seite!« Petrus spürte, wie sich alle Augen auf ihn richteten. Er griff nach seinen Sachen und sprang auf. »Menschenskinder, ich habe mit dem da drinnen nichts gemeinsam! Lasst mich mit eurem Gequatsche in Ruhe!«

Er hatte noch nicht ausgesprochen, da krähte ein Hahn. Petrus zuckte zusammen: »Noch ehe der Hahn kräht, wirst du mich dreimal verleugnet haben!«, hatte ihm Jesus prophezeit. Mein Gott! Ich habe ihn verraten und im Stich gelassen! Er schlich sich davon, verkroch sich in eine dunkle Mauernische und weinte bitterlich.

## Impulse

- Was überrascht dich an der Geschichte?
- Was ärgert dich daran?
- Was wundert dich?
- Welche Fragen hast du an Petrus?
- Was erfährst du hier von ihm?

# Gottesdienstbaustein: In einem Boot mit Jesus

### Einführung

Was hat die Jünger über Wasser gehalten, als sie nach dem Tod Jesu allein dastanden, angefeindet wurden und ihnen eisiger Wind ins Gesicht blies? Was gab ihnen die Kraft, nicht unterzugehen in den Stürmen der Zeit?

### Spielvorschlag

Jesus hatte seine Freunde aufgefordert: Macht euch auf! Steigt ein bei mir! Folgt mir nach. Steigt ein in das Boot meiner Träume! Es wird euch zu neuen Ufern tragen!

## 1. Szene: Die Freunde Jesu im Boot
*Entweder in einer Bootkulisse oder hinter einer Schattenspielwand sitzend rudern sie und erzählen dabei recht frei, wie sie zu Jesus stehen:*

- Ja, Jesus kommt an! So viele wollen ihn hören!
- Er war sichtlich erschöpft und müde.
- Er wollte allein sein und in der Stille beten!
- Seit ich Jesus begegnet bin, bin ich ein anderer Mensch!
- Für ihn gehe ich durch Dick und Dünn!
- Mit dem würde ich bis ans Ende der Welt gehen!
- Wir haben aber heute ganz schön Gegenwind!
- Wenn er doch bei uns wäre!
- Merkwürdig, ich muss die ganze Zeit an ihn denken.
- Mir geht er auch nicht aus dem Sinn!

## 2. Szene: Petrus fühlt sich gerufen *(Petrus steht auf und lauscht.)*
Seid mal still, hört ihr nichts? Mir ist, als habe er mich gerufen! Ja, ich höre ihn! Es ist seine Stimme, die mich ruft! Jesus, ich komme dir entgegen!

## 3. Szene: Petrus will aussteigen *(Die anderen erstarren.)*
- Halt! Mensch, bist du verrückt?
- Mein Gott, was macht der denn?
- Wo willst du hin! Willst du ertrinken!
- Bleib hier, Mensch, halt dich an mir fest!

*Petrus lässt sich nicht beirren. Er geht, einen Arm nach vorne tastend, eine Hand ans Ohr gelegt nach links aus der Szene.*

### Schriftwort (Matthäus 14,22–33)

Gleich darauf forderte er die Jünger auf, ins Boot zu steigen und an das andere Ufer vorauszufahren. – Spät am Abend war er immer noch allein auf dem Berg. Das Boot aber war schon viele Stadien vom Land entfernt und wurde von den Wellen hin und her geworfen; denn sie hatten Gegenwind.

In der vierten Nachtwache kam Jesus zu ihnen; er ging auf dem See. Als ihn die Jünger über den See kommen sahen, erschraken sie, weil sie meinten, es sei ein Gespenst, und sie schrien vor Angst. Doch Jesus begann mit ihnen zu reden und sagte: Habt Vertrauen, ich bin es; fürchtet euch nicht! Darauf erwiderte ihm Petrus: Herr, wenn du es bist, so befiehl, dass ich auf dem Wasser zu dir komme. Jesus sagte: Komm! Da stieg Petrus aus dem Boot und ging über das Wasser auf Jesus zu. Als er aber sah, wie heftig der Wind war, bekam er Angst und begann unterzugehen. Er schrie: Herr, rette mich!

Jesus streckte sofort die Hand aus, ergriff ihn und sagte zu ihm: Du Kleingläubiger, warum hast du gezweifelt? Und als sie ins Boot gestiegen waren, legte sich der Wind. Die Jünger im Boot aber fielen vor Jesus nieder und sagten: Wahrhaftig, du bist Gottes Sohn.

*Die Kinder stellen das Ende der Geschichte pantomimisch oder im Schattenspiel dar. Im Gespräch erinnern wir uns an Augenblicke im Leben, in denen wir jemandem geholfen haben, in denen uns jemand gerettet hat. Wie hat Petrus Jesus erfahren? Warum zweifelt er? Wer gibt ihm dennoch Halt? Mögliche Abschlussfragen: Wann/warum haben sich Menschen wohl immer wieder gerne diese wunderbare Geschichte erzählt und angehört? Macht sie dir Mut? Wie können wir Jesu Nähe heute erfahren?*

**Lied**   Ich möcht, dass einer mit mir geht (TfG 726)

**Fürbitten**   *frei formuliert in Fortsetzung des Satzes:*

Ich wünsche mir einen Menschen wie Jesus an meiner Seite, wenn …

**Vaterunser**

*Wir halten uns wie ein Netz fest an den Händen.*

**Schlusslied**   Ich steige ein in das Leben (TfG 822)

*Als Erinnerungsstück werden Papierstreifen mit einem Satz aus dem Evangelium beschriftet und in Fischform zusammengesteckt (S. 94) zu Freundschaftsbändern.*

## 6.2 Paulus

Mosaik, Ravenna, 5. Jh.

Juni

*Name: der Kleine*
*Apostel, Märtyrer*
*\* 10 (?) in Tarsus, Türkei*
*† zwischen 60 und 68 in Rom*
*Attribute: Buch, Schwert*
*Patron u. a. von Rom, Malta, der Theologen und Seelsorger*

Was muss das für ein glaubensstarker Mensch gewesen sein, dieser »kleine« Paulus! Vom Christenverfolger wurde er zum großen Botschafter Jesu. Weder Hunger noch Durst, Gefangenschaft oder Schiffbruch hielten ihn davon ab, das Evangelium von Kleinasien aus durch die halbe Welt zu tragen.

Hoch gebildet und als gesetzeskundiger Pharisäer war der Zeltmacher im jüdischen Glauben tief verwurzelt. Er hielt die christlichen Gemeinden anfangs für Sekten und bekämpfte sie. Doch auf dem Weg nach Damaskus riss es ihn wie vom Blitz getroffen vom Pferd. Er erblindete. Jesus Christus selbst sei ihm erschienen, sagte er. Auf sein Geheiß wandte sich Paulus an die Urgemeinde in Jerusalem. Ananias vermochte ihn zu heilen. Paulus ließ sich von ihm taufen und bekannte sich fortan als Christ, Apostel Jesu und Missionar. Er predigte jetzt überall von Jesus und wurde bald selbst seinetwegen verfolgt. Freunde halfen ihm, im Jahre 38 in einem Korb über die Stadtmauer zu entkommen (Apostelgeschichte 9,1–25). Aber auch in den eigenen Reihen war er umstritten: »Nicht nur für die Juden ist Jesus gestorben, sondern auch für die Unbeschnittenen, die Heiden!«, betonte er. Auf dem Apostelkonzil wurde dieser Streit entschieden: Jeder Mensch durfte auf den Namen Jesus Christus getauft werden, nicht nur die, die beschnitten wurden und alle Gebote der Juden einhielten. Das war für das Christentum der entscheidende Durchbruch zur Weltreligion.

Von Jerusalem aus unternahm Paulus lange und gefährliche Missionsreisen, gründete Gemeinden und hielt Briefkontakt mit ihnen. Dadurch wurde die Botschaft Jesu weit über Jerusalem hinaus verbreitet. Der nicht belegten Legende nach wurde Paulus im Jahr 64 in Rom enthauptet. Er zählt bis heute auch außerhalb der Kirche zu den großen Menschen der Weltgeschichte.

## Ideenbaum über dem Apostel Paulus

• **Die Umkehr des Paulus** (Erzählvorlage)

So stelle ich mir die Situation vor, in der Paulus einst Heilung und Umkehr fand:

»Vorsicht, versteckt euch! Saulus kommt! Er sucht nach Ananias!« Erschrocken fuhren die Männer hoch. Sie saßen gerade zusammen und erinnerten sich an Jesus. Sie wollten das Brot brechen und den Wein teilen als Leib und Blut Jesu. Schnell schoben sie alles vom Tisch. Sie waren gewarnt. Überall wurden sie bespitzelt und angegriffen, weil sie sich zu Jesus bekannten. Saulus gehörte zu den Verfolgern. Was wollte er bei ihnen? Hatte er es auf Ananias abgesehen, ihren Gemeindevorsteher? Oder auf alle? Schon näherten sich Schritte. Sie klangen jedoch nicht fest, eher schlurfend und tastend. Dann stand eine gebeugte Gestalt in der Tür, geführt von einem Jungen. Sollte das etwa der gefürchtete Saulus sein? Der Christenjäger? Wieso hatte man ihn hierher geführt? Der Junge erklärte: »Saulus hat mich gebeten, ihn zu Ananias zu bringen. Er möge sich um ihn kümmern. Saulus kann nicht mehr sehen, seit er vom Pferd stürzte.« – »Ich bin Ananias, aber ich kenne den Mann nur vom Namen. Was wollt ihr von mir?«, fragte der Gemeindevorsteher gefasst. Der seltsame Gast begann zu sprechen: »Jesus Christus selbst schickt mich zu dir. Er ist mir auf dem Weg nach Damaskus erschienen. Ich war wie vom Blitz getroffen, und es riss mich vom Pferd. Ich war ohnmächtig und als ich erwachte, konnte ich nichts mehr sehen. Bei dir, Ananias, würde ich Heilung finden, hat Jesus gesagt!«

Die Männer in der kleinen Stube hielten den Atem an. War das eine Falle? Ausgerechnet bei Ananias suchte dieser Christenverfolger Heilung? Ananias schwieg sehr lange. Dann bot er dem unerwarteten Gast eine Bank an und legte ihm die Hand auf die Schulter: »Weil Jesus dich zu mir schickt, werde ich dich nicht abweisen. Aber ich weiß nicht, wie ich dir helfen kann.«

Saulus setzte sich dankbar. Trotz seiner blinden Augen strahlte sein Gesicht hell auf, als er den Namen Jesus hörte: »Erzähl mir von Jesus. Ich will mehr, ich will alles von ihm erfahren. Es hat mich umgehauen! Er war mir so nahe. Ich bin ihm begegnet. Ich kann nicht mehr ohne ihn leben. Er hat mich bekehrt: Nie wieder werde ich euch verfolgen. Ich will ganz zu ihm und zu euch gehören!«, sagte Saulus. »Ich weiß nicht, was er mit mir vorhat, aber ich weiß, ich werde ihm folgen, wohin er mich auch senden mag!«

Von hier aus machte er sich später, geheilt und getauft, auf den Weg, um Zeugnis für Jesus Christus abzulegen und seine Botschaft bis an die Grenzen der damals bekannten Welt zu tragen. Mit einer ungeheuren Energie und Glaubenskraft legte er, der sich jetzt Paulus nannte, den Grundstein für die Kirche Jesu.

- **Hand in Hand mit Jesus**

Paulus führte Menschen zu christlichen Gemeinschaften zusammen. Eine Menschenkette kann das symbolisieren. Der kopierte Papierstreifen wird zu einem Leporello gefaltet, das Schnittmuster oben aufgeklebt und dann an den Außenlinien entlang ausgeschnitten. Achtung! Die Hand- und Fußverbindungen dürfen an den Enden natürlich nicht durchtrennt werden!

- **Spiel zur Lebensgeschichte des Paulus**

Ein Spiel zu Paulus und seinen Missionsreisen bietet die Evangelische Kirche in Deutschland im Internet an: http://www.ekd.de/paulus/

## 6.3 Maria Magdalena

22.

Juli

Matthias Grünewald,
Maria Magdalena (Ausschnitt
aus der Kreuzigungsszene).
Isenheimer Altar, um 1510

*Name: Maria: die Beleibte, Schöne, Bittere, von Gott Ge-
liebte; Magdalena: aus Magdala kommend
Jüngerin Jesu, auch als Apostelin bezeichnet
\* um 1 in Magdala bei Tiberias in Israel
† in Ephesus, heute Ruinen bei Selçuk/Türkei, oder Mitte
des 1. Jahrhunderts (?) in Aix-en-Provence/Frankreich(?)*

Maria aus Magdala gehörte nach ihrer Heilung und Bekehrung (Lukas 8,2–3) zum
engsten Jüngerkreis Jesu. Hier nahm sie offenbar eine besondere Stellung ein. Da
sie aus reichen Verhältnissen kam, sorgte sie wohl mit für seinen Lebensunterhalt.
Sie wird manchmal als Freundin Jesu gedeutet, stand sie doch bis in die letzten
Stunden an seiner Seite, während alle anderen Jünger die Flucht ergriffen. Mittel-
alterliche Künstler malen sie gar zu Füßen Jesu unter das Kreuz (Matthäus
27,55–56). Wir begegnen ihr nach der Grablegung durch Joseph von Arimathaia
weinend am Grab (Matthäus 27,61; Johannes 20,11). Sie war am Ostermorgen
zusammen mit zwei anderen Frauen aufgebrochen, um den Leichnam einzubal-
samieren und wurde die erste Zeugin des leeren Grabes und der Osterbotschaft des
Engels (Markus 16,6–7). Nach Johannes 20,15–17 war sie sogar allein am Grab, als
sie dem Auferstandenen begegnete. Sie sah vermeintlich den Gärtner. Erst als sie
ihren Namen hörte, erkannte sie Jesus als Lebenden, durfte ihn aber nicht berühren. Maria Magdalena war Jesus also auch nach seinem Tod besonders nah.
Über ihr weiteres Schicksal gibt es keine eindeutige Auskunft. Widersprüchliche
Legenden über die »reuige Sünderin« begründen ihre Verehrung von Frankreich
über Lübeck bis Konstantinopel.

## Ideenbaum zum Auferstehungsbekenntnis

* **Aktive Bildbetrachtung: Die Reidersche Elfenbeintafel**

Das Bild zeigt den Wandel im Gestus der Personen von Trauer zu Osterhoffnung und -freude: Maria Magdalena ist die Erste am Grab. Die Frauen sehen das Grab verschlossen, solange sie in die Vergangenheit zurückschauen. Dort erscheint der Engel: Er weist auf die Zukunft. Schaut nach oben! Jesus übersteigt auf dem Bild alle Vorstellungskraft: Man kann die Augen abwenden, wie der Jünger zu seinen Füßen, oder diesen Jesus abwehrend betrachten, wie der zweite Mann am rechten Bildrand (Emmausjünger?). Jesus selbst hat den Blick ganz nach oben gerichtet und fühlt sich von Gottes Hand emporgezogen. Die Wächter können dies nicht wahrnehmen: Dem einen ist die Sicht versperrt, der andere schläft abgewandt. Aus der Gruft erwächst der Lebensbaum, in dessen Zweigen die Vögel des Himmels nisten (Himmels-Symbol bei Ezechiel und im Senfkorn-Gleichnis Jesu).

Wir betrachten das Bild zuerst gemeinsam, ergänzt um Lesehilfen. Dann kriechen wir in das Bild hinein: Alle Darstellungen werden in die eigene Körperhaltung übertragen. Wir lassen Bewegung in die eingefrorenen Figuren fließen, vorwärts und rückwärts im Einzelbildtakt, beobachten die Veränderungen dabei. Daraus entwickelt sich ein zusammenhängender Bewegungsablauf der Figurengruppe. Dann gehen wir in einer Einzelpantomime durch das Bild. Dabei beginnt man unten rechts bei der Frau (Salome) am rechten Bildrand, übernimmt die nachdenkliche Pose als Ausgangshaltung. Die zweite Frau (Maria, Mutter das Jakobus) öffnet sich schon ein wenig mehr der Engelsbotschaft, während Maria Magdalena sich dem Engel mit erwartungsoffenen Armen stellt. Jetzt können die Gestik-Varianten von links unten nach rechts oben diagonal durchgespielt werden: Der versperrte Blick des Wächters mit der Lanze, wohl in Richtung des Engels gerichtet, dann die vor Müdigkeit verschlossenen Augen des abgewandten Wächters, eine Körperdrehung weiter nach rechts, dann der sich öffnende, wenn auch noch skeptische Blick des Jüngers am rechten Bildrand. Am Ende streckt Jesus die Hand Gott entgegen. Er hält die Schriftrolle in der linken Hand, das Wort Gottes, das er eingelöst hat, mit der Zuversicht des Lebensbaumes im Rücken.

Wir können die Pantomime auch mit Klängen spielen.

Welche biblischen Geschichten finden sich im Bild wieder? (Ostergeschichten, Emmaus, Ezechiels Himmelsbaum, Saatkorngleichnis, Himmelfahrt usw.)

Die Frauen am Grab und Christi Himmelfahrt,
Reidersche Elfenbeintafel, um 400

● Maria Magdalena begegnet dem Auferstandenen (nach Johannes 20,11–18)

Maria Magdalena stand vor dem Grab Jesu und weinte. Sie beugte sich vorsichtig in die Grabkammer hinein. Da sah sie im weißen Schein zwei Engel. Den einen dort, wo der Kopf des Leichnams Jesu gelegen hatte, den anderen am Fußende. Sie hörte sie sagen: »Frau, warum weinst du?« Sie antwortete: »Man hat mir meinen besten Freund weggenommen. Ich weiß gar nicht, wohin man ihn gelegt hat.« Als sie sich abwandte, sah sie Jesus da stehen, ohne ihn zu erkennen. Er sagte zu ihr: »Frau, warum weinst du? Wen suchst du?« Sie meinte, es sei der Friedhofsgärtner, und sagte zu ihm: »Herr, wenn Sie ihn weggebracht haben, sagen Sie mir bitte, wohin, damit ich ihn zurückholen kann.«

Jetzt nannte Jesus ihren Namen: »Maria!« Da drehte sie sich um und sagte hebräisch zu ihm: »Rabbuni!« Das heißt übersetzt: »Meister!« Jesus sagte zu ihr: »Halte mich nicht fest; denn ich bin noch nicht zum Vater gegangen. Geh aber zu meinen Brüdern und sage ihnen: Ich gehe zu meinem Vater und zu eurem Vater, zu meinem Gott und zu eurem Gott.« Maria von Magdala ging hin. Sie verkündete den Jüngern: »Ich habe den Herrn gesehen«, und sie berichtete ihnen, was er ihr gesagt hatte.

### Impulse

- Was hast du behalten von der Geschichte?
- Was wundert dich daran?
- Warum war Maria Magdalena am Ende nicht mehr traurig?
- Kennst du andere Erzählungen vom Grab Jesu?
- Jesu Geschichte endet nicht im Grab. Wohin führt sie uns in Gedanken?
- Geht die Geschichte der Maria Magdalena und der Freunde Jesu weiter?
- Auch für uns?

### • Hoffnungsbilder

Die Auferstehungsberichte sind Hoffnungsgeschichten. Hoffnung kennt viele Symbole. Kindern sind solche Metaphern vertraut und sie können sie in die Graböffnung einer Kopie des Bildes unten abstrakt als Ostersonne oder Bildanalogien malen: »Hoffnung ist für mich wie …« Mögliche Hinweise: Herz, Licht, Wolken, Engel, Blume, Senfkorn usw. Die Bilder können Elemente eines Gottesdienstes oder eines Meditationskreises werden

• Hoffnungslied: Ich bin da!

Ich bin da – am Mor-gen wie am A - bend. Ich bin da – bei
Tag und bei Nacht. Ich bin da – bin Ant-wort al - ler Fra - gen.
Ich bin im-mer für dich da! Ich bin bei Euch al - le
Ta - ge bis ans En - de die - ser Zeit!

2. Ich bin da im Lachen und im Weinen.
Ich bin da in Angst und Gefahr.
Ich bin da, damit du nie allein bist.
Ich bin immer für dich da!

3. Ich bin da, der Atem deiner Seele.
Ich bin da in Trauer und Glück.
Ich bin da, wenn keiner für dich da ist.
Ich bin immer für dich da!

4. Ich bin da, die Stimme deines
Herzens.
Ich bin da in Schuld und in Not.
Ich bin da, du kannst mir alles sagen.
Ich bin immer für dich da!

5. Ich bin da, wenn du für andre da bist.
Ich bin da, wenn du nicht weiter
weißt.
Ich bin da, wenn alle dich verstoßen.
Ich bin immer für dich da!

6. Ich bin da, auch in dunklen Stunden.
Ich bin da, die Hand, die dich hält.
Ich bin da, der Anfang und das Ende.
Ich bin immer für dich da!

T. u. M.: Wolfgang Gies © beim Autor

# 6.4 Christophorus

Name: *Christusträger*
*Märtyrer, Nothelfer*
*\* in Kana oder Lykien, heute Türkei*
*† um 250 (?) in Lykien (?)*
*Attribute: Jesusknabe auf der Schulter,*
*Baumstab, hühnenhafte Gestalt*
*Patron u. a. der Autofahrer*

**24.**

**Juli**
**(in Deutschland)**

Fresko von Masaccio, um 1420,
San Clemente, Rom

Christophorus begegnet uns in einer alten Legende: Er war ein Riese von Mensch und stark wie ein Bär. Man nannte ihn Reprobus. Nur dem Allermächtigsten wollte er dienen. So machte er sich auf. Als er von einem großen König hörte, bot er ihm seine Dienste an. Dabei stellte er eine Bedingung: »Ich werde nur so lange bei dir bleiben, wie ich sicher bin, dass du der mächtigste Herrscher bist.« Der König willigte ein.

Eines Tages jedoch fiel der Name des Teufels, worauf der König entsetzt ein Kreuzzeichen schlug. Reprobus fragte ihn: »Wer ist der Teufel, und was bedeutet dieses Zeichen?« Aber der König blieb stumm vor Angst. Da sagte Reprobus: »Du zitterst ja, mein König! Du hast solche Angst schon vor dem bloßen Namen? Er ist also viel mächtiger als du. So muss ich dich noch heute verlassen, denn ich will nur dem Mächtigsten dienen.«

So bot Reprobus dem Teufel seine Dienste an, stellte ihm aber die gleiche Bedingung wie zuvor dem König: »Ich verschreibe mich dir nur solange, wie ich sicher bin, dass du der Mächtigste bist.« Als der Teufel unterwegs an einem Kreuz am Wegesrand vorbeigehen musste, versuchte er diesem auszuweichen. Reprobus hatte das Zögern bemerkt und fragte sogleich: »Warum willst du dieses Kreuz umgehen? Macht es dir etwa Angst?«

Der Teufel musste wohl oder übel zugeben, dass sich Jesus über Tod und Teufel erhoben hatte, als er am Kreuz starb. Sofort wandte sich Reprobus ab und hielt Ausschau nach Jesus Christus. Lange suchte er, bis er einen Einsiedler fand, der ihm den Weg weisen konnte: »Wenn du Christus dienen willst, musst du fasten wie ich.« Reprobus entgegnete: »Ich bin groß und stark, wie kann ich da fasten?« Auch lange beten könne er nicht, denn er sei viel zu ungeduldig. So bat er um eine

Aufgabe, die ihm angemessen sei. Der Einsiedler schlug darauf vor: »Wenn du stark sein willst, dann steig in den reißenden Fluss unten im Tal. Trage die Menschen von einem Ufer zum anderen. Damit erweist du allen, auch Christus, einen großen Dienst, denn der Fluss ist gefährlich tief und hat schon so manchen in den Tod gerissen.« »Das will ich wohl wagen!«, sagte Reprobus. Er nahm einen dicken Stab, auf den er sich stützen konnte. Dann trug er tagein, tagaus Menschen von einem Ufer zum anderen.

Eines Nachts hörte er eine leise Stimme rufen: »Trag mich!« Weil es mitten in der Nacht war, konnte er niemanden sehen. Erst beim dritten Ruf entdeckte er in der Dunkelheit ein Kind. Er nahm es auf seine Schulter und stieg ins eiskalte Wasser. Doch merkwürdig: Mit jedem Schritt wurde die Last schwerer. Das Wasser schwoll an. Das Gewicht drückte ihn in die Knie, als läge die ganze Last der Welt auf seinen Schultern. Als ihm das Wasser bis zum Hals reichte, hatte er Angst zu ertrinken. Dabei fiel ihm das Kind auf seinem Rücken ein. Das riss ihn noch einmal hoch. Er bäumte sich auf und wuchs über sich hinaus, bis er endlich mit letzter Kraft das rettende Ufer erreichte. »Was wiegst du bloß so schwer?«, fragte er den Jungen. »Es war mir, als hätte ich die ganze Welt zu tragen!« – »Mehr als die ganze Welt«, sagte das Kind zu ihm, »denn du willst doch dem dienen, der die Welt in seinen Händen hält!« – »Von ganzem Herzen!«, antwortete Reprobus erstaunt. Jetzt erkannte er Christus als seinen Herrn, und er ließ sich von ihm im Fluss auf den Namen Christophorus (= Christusträger) taufen. Am Ufer stieß er seinen Stab tief in die Erde. Als Christophorus am Morgen erwachte, sah er, wie daraus ein Lebensbaum mit reichen Früchten wuchs. Denn von nun an wollte er Christus als dem Höchsten dienen. Sein Lebenstraum war erfüllt.

(Nach alten Überlieferungen)

## Ideenbaum zum Tragen und Ertragen

- **Fensterbild**

Wenn wir die Figur des Christophorus als Fensterbild auf verschiedene Weise nachgestalten, wird darin deutlich, dass Heilige Menschen sind, durch die Gottes Sonne scheint.

### Variationen

- mit Water-Colours auf Fensterglas oder hinter Glas, so dass der Eindruck eines Kirchenfensters entsteht;
- mit ausgerissenen oder geschnittenen Schnipseln aus farbigem Transparentpapier auf eine Glasscheibe, ein Einmachglas oder ohne Grundfläche als Mosaik mit überlappenden Rändern in Schichten;
- auf Transparentpapier geklebt oder gemalt und laminiert als Fensterbild;
- zwei laminierte, beklebte Transparentpapiere übereinander gelegt, an den kurzen Seiten gelocht und mit Bast verschnürt um ein Glas mit Teelicht aufgestellt.

- **Plakette**

Christophorus gilt als Schutzpatron der Autofahrer. Als Symbol dafür kleben viele eine kleine Plakette ans Armaturenbrett. Man kann dieses Motiv auf einer weichen Filzunterlage (oder Zeitungen) mit einem Falzholz stilisiert in eine runde Silberfolienscheibe (Bastelgeschäft) drücken; oder als einfache Alternative mit wasserfesten Folienstiften auf einen mit Alufolie überzogenen Bierdeckel, Holzteller oder den Deckel eines Marmeladenglases oder einer Konservendose malen.

- **Töpfern**

Mit Töpferton, Stockfarbe, Salzteig oder Knete lassen sich Halbreliefs mit dem Christusträger fertigen. Dazu wird zuerst aus einer Kugel eine ovale Form ausgewalzt, dann die Figur herausgearbeitet oder eingeritzt.

- **Was fällt mir schwer?**

Zu dieser Ausgangsfrage halten Kinder eine Besinnung, indem sie Steine als stumme Symbole zum Christophorus-Bild bzw. Gebetsmandala legen. Oder sie beschriften/bemalen weiße Ziegelsteine (ggf. mit »unsichtbarer Tinte«), die am Ende zu einer Mauer aufgeschichtet werden. Weitere Impulse: Was mir leicht fällt! Erleichtert/beschwert mich der Glaube an Jesus?

- Bild als Anregung zum Nachgestalten

# 7. Die Kraft aus der Stille

*Man kann die Menschen einteilen*
*in die vielen,*
*die wütend werden,*
*wenn sie warten müssen,*
*und die wenigen,*
*die es gern haben,*
*weil sie dabei in Ruhe nachdenken können.*

Behüte mich, du Heiliger Geist, dass ich das Heilige nicht verliere! In der Hektik des Alltags verliert sich oft die Spiritualität. Religiosität und Spiritualität können nur auf dem Nährboden der Besinnung und Konzentration auf das Innere wachsen und reifen. Das laute, spektakuläre und Aufmerksamkeit heischende Gebaren führt nicht wirklich zu erfülltem Leben. Innere Ruhe und Geduld dagegen sind ein sicherer Anker für die Gestaltung des Lebens.

Aus der Kraft der Ruhe fanden viele Menschen, die wir heute noch als Heilige achten, den Weg zur Sinnmitte in ihrem Leben. Weit ab in der Wüste, der Einsiedelei, hinter Klostermauern oder auf einsamer Pilgerfahrt lauschten sie auf die innere Stimme, Gottes Wort. Sie fanden es so ansprechend, dass sie ihm folgen wollten und sich am Ende ganz darauf einließen.

## Ideenbaum als Ruheinsel

Ohne Ruhe und innere Wahrnehmungsfähigkeit bleibt das Herz taub und blind für die Erfahrungswelt des Glaubens, in der Heilige sich bewegten und wir uns bewegen wollen. Übungen, die diese Konzentration auf das Innere fördern, setzen Bereitschaft voraus, denn echte Ruhe kann gar nicht erzwungen werden. Wir können jedoch für gute Rahmenbedingungen sorgen. Dazu gehören eine einladende Raumgestaltung (Sitzkreis um eine schön gestaltete Mitte), Reduktion von Fremdgeräuschen, sehr ruhige Hintergrundmusik usw.

• **Das Märchen vom Schweigenland (Spielidee)**
**Erzähler**
Es war einmal ein junger König. Er suchte nach einer jungen Frau, die zu ihm passte. Lange reiste er durch fremde Länder, aber nirgendwo fand er eine Frau, die ihm so gefiel, dass er sie zur Königin machen wollte. Eines Tages fand er das Bild einer schönen Prinzessin. Begeistert rief er aus:

**Prinz**
Die und keine andere soll meine Frau werden! Wer ist sie? Wo wohnt sie?

**Erzähler**
Das ist die Prinzessin vom Schweigenland!

**Prinz**
O weh! Dann ist sie nichts für mich. Ich rede nun einmal für mein Leben gern. Lieber rede und schwätze ich zehn Stunden am Tag, als auch nur zehn Minuten zu schweigen. Nein, das ist keine Frau für mich! Ich will sie vergessen!

**Erzähler**
Er steckte ihr Bild in seine Tasche. Manchmal aber zog er es wieder heraus, um die Prinzessin anzuschauen.

**Prinz**
Sie gefällt mir! Wohnte sie doch nur nicht im Schweigenland!

**Erzähler**
Eines Tages aber reiste er doch ins Schweigenland. Er musste die Prinzessin sehen! Schweigenland war schön. Es war ein Land mit großen, schattigen Wäldern und ruhigen Seen. Überall war es still. Alle Menschen, die ihm begegneten, schwiegen.

Sie nickten freundlich mit dem Kopf und lächelten. Der junge König fand den Weg zum Schloss. Als er zum König des Landes kam, sagte er:

**Prinz**
Da bin ich! Du bist jetzt mein Gefangener! Führe mich zu deiner Tochter. Sie soll meine Frau werden!

**König**
Gehe zu meiner Tochter und sage es ihr selbst! Sie ist in ihrem Zimmer.

**Erzähler**
Da ging der junge König zur Prinzessin und sagte:

**Prinz**
Ich bin der weise und mächtige Sonnenkönig. Ich habe euer Land erobert. Der König und sein Heer wurden festgenommen. Dir will ich Gnade erweisen und dich heiraten. Ob du es verdient hast, weiß ich nicht!

**Erzähler**
Der junge König hatte noch nicht ausgeredet, da sah er die wunderschöne Prinzessin nicht mehr. Er sah nur noch den leeren Stuhl, auf dem sie gesessen hatte. Der junge König sah sich erschrocken im Zimmer um. Die Prinzessin war nicht mehr zu finden. Nachdem er eine Weile still gewartet hatte, sah er sie wieder auf ihrem Stuhl sitzen.

**Prinz**
Warum bist du verschwunden? Es war doch nicht bös gemeint. Du bist die schönste und liebste Prinzessin, die es gibt und je gegeben hat. Siehst du, hier habe ich dein Bild. Das trage ich immer bei mir. Und wenn ich allein bin, ziehe ich es hervor, um es mir anzuschauen. Ich kann mich nicht satt daran sehen. Du bist nun einmal die allerschönste Prinzessin, die es gibt. Und wenn du mich nicht heiratest, dann will ich nicht mehr leben.

**Erzähler**
Während er noch redete, war die Prinzessin wieder verschwunden. Viele Stunden ging das so. Wenn der Prinz schwätzte, war sie nicht mehr zu sehen, denn die wunderschöne Prinzessin vom Schweigenland kann nur sehen, wer still ist und gut schweigen kann.

**Prinz**

Ich bin traurig! Was nützt mir das Land, das ich erobert habe, was hilft mir die Macht, die ich gewonnen habe, wenn ich die wunderschöne Prinzessin nicht sehen kann?

**Erzähler**

Der junge Prinz wurde stiller und nachdenklicher. Am nächsten Tag ging er zur Prinzessin und fragte:

**Prinz**

Was muss ich tun, um dich immer sehen zu können?

**Erzähler**

Da lächelte die Prinzessin ganz freundlich und sagte:

**Prinzessin**

Du musst still werden und schweigen lernen. Der Staub der toten Worte haftet noch an dir.

**Erzähler**

Da ging der junge König fort und schwieg die ganze Nacht und den ganzen Tag. Anfangs fiel es ihm sehr schwer. Langsam entdeckte er den Wert der Stille. Er horchte und lauschte und schaute. Plötzlich verstand er das Sprichwort: »Ein Wald, der wächst, macht weniger Lärm als ein Baum, der fällt.« Nach einigen Tagen ging er wieder zur Prinzessin und sagte:

**Prinz**

Ich glaube, ich kann schweigen. Ich habe entdeckt, wie wertvoll die Stille ist.

**Prinzessin**

Dann können wir ja jetzt miteinander schweigen!

**Erzähler**

Sie setzten sich einander gegenüber und schwiegen. Das schweigende Zusammensein war wohltuend und bereichernd. Nach einer langen Zeit des Schweigens vernahm der junge König auf einmal eine ganz leise Musik, die wunderschön klang. Eine Weile horchte er, dann fragte er:

**Prinz**
Was ist das für eine Musik?

**Prinzessin**
Das ist die Musik, die die Sterne machen, wenn sie ihre Bahn ziehen. Nur wer ganz still ist und zu schweigen versteht, hört sie. Das ist das Geheimnis von Schweigenland. Alle, die im Schweigenland wohnen, hören diese wunderschöne Musik. Darum ist es auch bei uns so leise. Wir möchten einander nicht stören. Wenn du die Musik hörst, weiß ich, dass du schweigen kannst. Weil du es aus Liebe zu mir gelernt hast, will ich jetzt auch deine Frau werden.

**Erzähler**
Der junge König war glücklich, dass er eine Frau gefunden hatte. Er war froh, dass er das Geheimnis des Schweigens entdeckt hatte. Es war gut, dass er Abschied genommen hatte vom Lärm und vom leeren Geschwätz.

**Prinz**
Ich werde das Schweigen nie mehr verlernen, denn ich habe erfahren, wie wertvoll es ist. Ein gutes Wort von dir kann mich lange glücklich machen. Komm mit in mein Land, denn ich möchte täglich mit dir schweigen und reden dürfen.

**Prinzessin**
Ich komme mit, aber zuvor musst du meines Vaters Reich wieder freigeben. Macht und Gewalt darf es hier nicht geben. Im Schweigenland gibt es nur Freiheit, Liebe und Frieden.

**Erzähler**
Der Prinz versprach es. Er nahm die Prinzessin mit in sein Reich, und beide lebten lange glücklich miteinander.
    *(Anselm Kraus)*

- **Minute raten**

Alle stehen. Auf ein Klangzeichen beginnt die Minute. Wer glaubt, die Minute sei um, setzt sich. Der Spielleiter sagt am Ende, wer die Minute am besten geschätzt hatte.

- **Inne halten**

Man kann sich auch darauf verständigen, bewusst eine Minute ruhig zu sein. Was geht in dieser Zeit in uns vor? Welche Widerstände melden sich? Wer die Stilleminute pflegt, verlangsamt und intensiviert das Erleben und Lernen. Stress und Spannungen werden abgebaut. Es bleibt Zeit zum intensiven Nachdenken an einem wichtigen Punkt. Solche Gedenkminuten wirken manchmal Wunder, vor allem zwischendurch, wenn alle ermüdet oder besonders aufgeregt wirken.

- **Dornröschenschlaf**

Auf ein Klangzeichen hin fallen alle in einen Dornröschenschlaf. Erst ein weiteres Zeichen erweckt alle wieder zum Leben. Man kann auch Kinder einzeln aus dem Schlaf wecken durch vorsichtiges Antippen. Danach dürfen sie sich wohl bewegen, jedoch noch nicht sprechen. Ein Zwischenschritt ist, auf ein Zeichen in eine extreme Zeitlupe zu verfallen.

- **Einem Klang nachlauschen**

Wir lauschen dem Klang einer Klangschale solange nach, bis der Ton verschwebt ist, und werden dabei ruhig. Als Klangschale kann auch ein Klangstab oder eine lange schwingende Glasschale dienen.

- **Geräusche raten**

Bei geschlossenen Augen wird ein Klang erzeugt: ein Klopfen auf den Tisch, ein Rascheln mit einer Zeitung, das Öffnen eines Fensters. Wer errät, wie der Klang erzeugt wurde? Wer richtig geraten hat, darf sich ein neues Geräusch zum Raten überlegen. Natürlich geht das auch mit Klanginstrumenten in der Kreismitte.

- **Bewusste Körperwahrnehmung**

Vom bewussten Lauschen auf die eigene Atmung über das Erfühlen des Herzschlags bis zu gezielten Atemübungen aus der Yoga-Lehre etwa öffnet sich ein weites Spektrum an Möglichkeiten, die eigene Körperwahrnehmung zu sensibilisieren und Konzentration auf das Innere zu erzeugen.

- **Besinnung halten**
- Äußerliche Ruhe einkehren lassen
- Bequeme Haltung einnehmen/korrigieren
- Augen schließen
- Zur inneren Ruhe kommen
- Innenwahrnehmung anregen (Atem)
- Rückblick mit dem inneren Auge in den Tag bisher
- Den bisherigen Lernweg Revue passieren lassen
- Augen öffnen/sich umschauen
- Recken und strecken, laut ausatmen: Ich bin da!

- **Betrachtung**

Ein Gegenstand mit thematischem Bezug etwa zu einem Heiligen (Kirschzweig für Barbara, Rose für Elisabeth, Stein für Nikolaus) etwa wird im Kreis herumgereicht oder in die Mitte gestellt. Die erste Runde sollte still verlaufen (Hintergrundmusik). In einer zweiten Runde kann jeder seinen Gedanken dazu sagen: Was hat der Gegenstand mit dem Heiligen bzw. mir zu tun?

- **Nachdenken**

Jeder bekommt Zeit und Gelegenheit, sich zur gegebenen Problematik oder Thematik still zu äußern. Man kann einen kurzen Text schreiben, ein persönliches Protokoll verfassen, einen Brief an jemanden in der Lerngruppe senden, aufkommende Fragen an eine Fragewand schreiben, ein Cluster entwerfen, eine Überschrift oder Fazit in einem Satz versuchen, ein Motiv kreativ nachgestalten.

- **Gebetskreis**

Eine Gruppe, die mit Ruhe vertraut ist, wird aus der Stille heraus auch eine Gebetsfähigkeit entwickeln. Die ausgehaltene Ruhe für eigene Gedanken ist meist wertvoller als Gebetsformeln. Dennoch sind ritualisierte Gebetsformen ein sicherer Rahmen. Eine Grundform ist der Gebetskreis, der in der stillen Runde stets mit einer Gebetseröffnung eingeleitet wird:

Wenn ich beten will, dann schließe ich die Augen und werde ganz still.
Ich falte meine Hände und lasse meine Gedanken los.
Ich achte auf meinen Atem, wie er kommt und geht.
Ich besinne mich darauf, was ich auf dem Herzen habe und Gott sagen möchte.
Wenn ich ganz bei mir bin, mache ich das Kreuzzeichen und wende mich an Gott.

## 7.1  Hildegard von Bingen

September

*Name: die kämpferisch Schützende*
*Klostergründerin, Äbtissin, Mystikerin*
*\* um 1098 in Bermersheim in Hessen*
*† 17. September 1179 auf dem Rupertsberg bei Bingen in*
*Rheinland-Pfalz*
*Patronin der Sprachforscher und Naturwissenschaftler*

Miniatur aus dem Lucca-Codex
des Liber Divinorum Operum, um 1220/1230
Biblioteca Statale, Lucca

Hildegard von Bingen ist eine der großen Frauengestalten in der Kirchengeschichte. Man nennt sie auch Mystikerin, weil sie Zeit ihres Lebens von Visionen begleitet wurde. »Als ich zweiundvierzig Jahre und sieben Monate alt war, sah ich ein überaus stark funkelndes Licht aus dem geöffneten Himmel kommen. Es durchströmte mein Gehirn, mein Herz und meine Brust ganz und gar, gleich einer Flamme, die jedoch nicht brennt, sondern erwärmt. Es erglühte mich so, wie die Sonne einen Gegenstand erwärmt, auf den sie ihre Strahlen ergießt. Und plötzlich hatte ich die Einsicht in den Sinn und die Auslegung des Psalters, des Evangeliums und der anderen Schriften des Alten und Neuen Testamentes.« So beschrieb sie ihre Erfahrung mit eigenen Worten.

Hildegard wurde als Tochter des rheinfränkischen Edelfreien Hildebert von Bermersheim geboren. Sie wird als zierlich und wohl auch kränklich beschrieben. Dennoch verschaffte sie sich selbst bei Kaiser Barbarossa Respekt und hohes Ansehen in der von Männern geprägten Kirche. Sie war musisch begabt, verfasste Gedichte und Lieder, schrieb theologische Schriften und malte mystische Bilder, in denen sie die Ordnung der Schöpfung und Harmonie des Menschen ausdrückte: »O Mensch, schau dir doch den Menschen richtig an: Der Mensch hat ja Himmel und Erde und die ganze übrige Kreatur schon in sich selber und ist doch eine ganze Gestalt.« Die Fähigkeit zur Kontemplation führte bei ihr zum Gleichgewicht der Persönlichkeit.

## Ideenbaum aus Harmonie

Die Harmonie in der Schöpfung ist ein Grundmotiv Hildegards. Mittenbilder, bekannt als Mandala, entsprechen der idealen Grundordnung des Kreises, der eine einzige Mitte als Angelpunkt hat und punkt- und achsensymmetrisch alles um sich herum in eine harmonische Ordnung zentriert. Damit ist er ein Symbol für ein ideales Lebensbild, das in eine harmonische Form gebracht, zentriert und ausgewogen ist.

- **Mittenbilder entdecken**
Zunächst schärfen wir den Blick für symmetrische Bilder, wie sie in der Natur oder im alltäglichen Umfeld vorkommen: die Achsensymmetrie des eigenen Körpers, des Schmetterlings, aber auch des Autos. Punktsymmetrien finden wir bei Blüten, im Kaleidoskop, bei Kristallen oder am Speichenrad.

- **Legebilder**
Als Technik kommen farbige Tücher, Naturmaterialien, Fäden und Äste, Bausteine, Maltechniken, Falt- und Schnittmuster in Frage. Wichtig ist, dass genügend Material, Zeit und ein geeigneter Raum zur Verfügung stehen. Bei schönem Wetter kann auch in der freien Natur gestaltet werden. Ein vorgezeichneter Kreis oder eine runde Decke als Grundfläche hilft kleineren Kindern. Wir schweigen möglichst beim Legen.

- **Mandalas**
Gestaltungsideen für ein Mandala finden sich vielfältig in der Literatur. Leider werden diese Ideen oft als reine Ausmalbilder ohne Aufmerksamkeit für ihre spirituellen Wurzeln verbraucht.
Während des Gestaltens sollte möglichst nicht gesprochen werden, um die Intensität der inneren Erfahrungen nicht zu verstellen und das Wesentliche durch die Konzentration der Aufmerksamkeit auf das eigene Gestalten hervorzuheben. Dabei gibt es verschiedene Grundformen.
  - Konzentrische Kreise: An den Enden zusammengeknotete, verschieden lange Seilchen lassen sich dazu ringförmig zu einem Bodenbild auslegen, die Zwischenräume entsprechend füllen.
  - Rad mit Speichen: Durch das Legen von Bändern in eine solche Radspeichenform lässt sich leicht ein Bodenbild vorstrukturieren und mit einem Außenkranz abschließen. Die Zwischenräume zwischen den Speichen können ausgestaltet werden.

- Sternformen unterschiedlicher Art: Wenn ein Papier mehrfach halbiert wird, entsteht durch das Faltmuster und wenige Schnitte an den Kanten eine achsensymmetrische Sternform.
- Rosette: Mit Seilchen kann ein Bodenbild vorgegeben werden, indem man daraus eine blattförmige Schlinge formt und die beiden Enden jeweils zur Mitte hin zusammenlegt.
- Wabenformen: Aus Fünf- oder Sechsecken, die um eine Innenwabe gelegt werden, kann ein symmetrisches Ganzes entstehen. Schablonen aus Pappe oder Brettchen können das Gestalten erleichtern.
- Kristalle, die sich an den Kreuzachsen des Kreises spiegeln. Sie entstehen, wenn man ein quadratisches Blatt Papier mehrfach faltet und an den Kanten beschneidet, so dass aus Freiflächen und Löcher symmetrische Muster entstehen.
- Ranken, die sich aus einem Mittelpunkt symmetrisch nach außen schlängeln. Sie entstehen z.B. besonders eindruckvoll in einer Zentrifuge (ausgedienter Plattenspieler), wenn vorsichtig kleine Farbtropfen mittig auf eine rotierende Pappscheibe getröpfelt werden.
- Spirale: Sie ist zwar nicht symmetrisch, führt aber doch gleichförmig aus der Mitte. Eine Vorlage kann mit Hilfe eines langen Bandes oder Seiles mit einem Stück Kreide am Ende gezeichnet werden, wobei das Seil in der Mitte an einer runden Tonne befestigt ist, so dass sich der Radius mit jeder Umdrehung von außen nach innen gleichmäßig verkürzt.
- Das symmetrische Labyrinth (nicht Irrgarten). Es ist ohne Vorlage nur schwer selbst zu gestalten. Auf einer Kopie kann aber jeder leicht mit einem hellen Farbstift den Weg zur Mitte suchen.

## Erfahrungen beim Gestalten

Gesprächsimpulse zu den Erfahrungen beim Gestalten, den Beobachtungen beim Betrachten der Erträge und zur eigenen Harmonie.

| | | |
|---|---|---|
| Was hast du beim Gestalten gedacht? | Wie bist du vorgegangen? | Welche Erfahrungen hast du gemacht? |
| Wie hat sich dein Bild entwickelt? | Wie kamst du zu den Ideen? | Wovon hast du dich leiten lassen? |
| Welche Unterschiede springen ins Auge? | Gibt es etwas, das dich besonders anspricht? | Welche Ähnlichkeiten lassen sich feststellen? |
| Welchen Titel würdest du welchem Bild geben? | Wo möchtest du dich in dem Bild aufhalten? | Wozu möchtest du etwas sagen? |
| Wo findest du Ruhe? | Was beruhigt dich? | Was macht dich unruhig? |

- **Die Reise zum schönsten Ort der Welt**

Kleine Fantasiereisen laden Kinder zum Träumen und Besinnen ein. Bei leiser Musik, möglichst auf einer warmen Decke auf dem Rücken liegend, kommen wir zur Ruhe. Die erste Reise führt uns zum schönsten Ort der Welt. Nach einer Einleitung zum Stillwerden und Träumen lassen wir unseren Gedanken freien Lauf, bis sie an dem Ort angekommen sind, wo wir uns ganz zu Hause und geborgen fühlen. Dort gönnen wir uns Zeit zum Nachdenken. Nach geraumer Zeit gehen wir den Weg in Gedanken zurück, bis wir wieder im Raum bei uns angekommen sind.

Weitere Anleitungen für Fantasiereisen gibt es in der Fachliteratur. Es ist sicher ratsam, sich hier einzuarbeiten, wenn man selbst noch keine eigenen Erfahrungen mit Fantasiereisen sammeln konnte.

- **Meditationskreis**

Später können meditative Gedanken etwa in Form eines Meditationskreises das Legen eines Mandalas inspirierend begleiten und zu einem festen Element im Gottesdienst werden, z.B. zum Confiteor (Klage), Gloria (Lob), Fürbitte und Danksagung. Dazu legen wir Seilchen sternförmig im Kreis oder im Altarraum aus, so dass mindestens ein Ende für jeden Teilnehmer da ist. In die Mitte stellen wir eine Kerze oder ein anderes Symbol. Von innen nach außen legt dann nacheinander ein Kind neben sein Seil im Uhrzeigersinn ein Symbol (Stein, Rose), so dass dabei ein Ring um die Mitte entsteht. So legen wir einen ersten Kreis mit Steinen als Symbole für das Schwere und Belastende im Leben, dann einen Ring mit Blütenblättern z.B. als Ausdruck der Freude, einen weiteren mit Früchten als Zeichen des Dankes, am Ende einen Kreis aus Teelichtern mit Wünschen und Bitten – stumm oder auch mit Worten.

## Baustein für einen Gebetskreis

*Mit den Symbolen wird ein Mandala aus konzentrischen Kreisen gestaltet.*

### Einleitung

Wenn ich beten will, dann falte ich meine Hände, schließe meine Augen und werde ganz ruhig. Dann mache ich das Kreuzzeichen und wende mich an dich: Guter Gott! *(Kreuzzeichen)*

**Stein:**
Manchmal bin ich richtig traurig. Dir darf ich sagen, was ich mich bedrückt:

**Blütenblätter:**
Ich möchte meine Freude bis zu dir in den Himmel steigen lassen:

**Früchte:**
Ich habe so viel Schönes und Gutes erlebt, dafür danke ich dir von Herzen:

**Teelicht:**
Mein Herz ist voller Wünsche. Darum möchte ich dich heute bitten:

## 7.2 Franziskus von Assisi

Oktober

Giovanni Cimabue (1240–1302),
Fresko in der Unterkirche der
Basilika S. Francesco, Assisi

*Name: der kleine Franke*
*Ordensgründer*
*\* 1181 oder 1182 in Assisi in Italien*
*† 3. Oktober 1226 in Assisi*
*Attribute: Wundmale Jesu, Tiere wie Wolf, Lamm, Vögel*
*Patron von Italien und Assisi, der Armen, Lahmen, Blin-*
*den, Strafgefangenen und Schiffbrüchigen*

Giovanni Bernardone, Sohn eines reichen Kaufmannes, bekam den Rufnamen Francesco von seiner fanzösischen Mutter. Nach einer glücklichen Kindheit wollte er Ritter werden. Doch eine schwere Krankheit während seiner Gefangenschaft nach einer Schlacht veränderte ihn. Nach seiner Befreiung pilgerte er nach Rom, pflegte Leprakranke und fiel zunehmend als weltfremder Sonderling auf. Als er sich mit seinem Vater überwarf, weil dieser ihm den Erlös von Tuchballen für die Restaurierung der kleinen Kirche St. Damiano vorhielt, entledigte sich Francesco vor aller Augen seiner Kleider, verzichtete auf sein Erbe und stieg aus der Gesellschaft aus. Zwei Jahre lebte er als Einsiedler. Eine innere Stimme rief ihn zur Armut, zu hilfreicher Tat und Predigt. Viele hielten Franziskus für verrückt, andere faszinierte er mit seiner unbekümmerten Liebe zu Gott, zur Schöpfung, zur Kreatur und zu den Menschen. Gegen die Gewalt stellte er Jesu Gewaltverzicht, gegen die aufblühende Geldwirtschaft die Armut. Ihm ging es um den Menschen, nicht um sein Vermögen. Franziskus starb in seiner Kapelle nackt auf bloßem Boden, um auch im Sterben Jesus ähnlich zu sein. Sein Körper war mit den Wundmalen Jesu stigmatisiert. Wundersame Legenden ranken sich um sein Leben und halten seine Verehrung bis heute lebendig.

## Ideenbaum aus den Quellen des Franziskus

* ### Der Wolf von Gubbio

Ein großer, grimmiger Wolf hielt die Stadt Gubbio in Atem. Jede Nacht streunte er umher, riss Tiere und griff Menschen an. Angst und Schrecken verbreitete er. Niemand wagte sich mehr unbewaffnet aus dem Haus. Die Kinder durften nicht länger draußen spielen. Das war zu gefährlich. Jedermann war froh, wenn er einen großen Bogen um Gubbio schlagen konnte. Wer wollte schon gerne einem Zähne fletschenden Wolf über den Weg laufen? Als Franziskus nach Gubbio kam, hörte er die Leute von dem bösen Wolf klagen. Franz hatte Mitleid mit ihm. Er wusste, was Hunger bedeutet und dass auch Menschen, die Hunger leiden, zu Bestien werden können. So beschloss er, den Wolf aufzusuchen. Die Leute waren erschrocken und versuchten mit allen Mitteln, ihn davon abzuhalten: »Der Wolf wird dich fressen!« Doch Franz ging ihm mutig entgegen. Die Menschen flohen auf die Dächer und verfolgten das Geschehen gespannt. Sie sahen, wie der Wolf mit aufgerissenem Maul dem Franz entgegenstürzte. Franz, voller Gottvertrauen, schlug ein Kreuzzeichen und stellte sich ihm seelenruhig in den Weg. »Komm zu mir, mein Bruder Wolf!«, redete er ihn freundlich an. »Im Namen Christi wirst du weder mir noch sonst wem ein Leid antun! Hörst du!« Der Wolf blieb stehen, schloss sein Maul und spitzte die Ohren, als er die sanfte Stimme hörte. »Was richtest du an, mein Bruder! Die ganze Stadt fürchtet sich vor dir. Du hast Menschen getötet, die Gott nach seinem Bild erschaffen hat. Du hast Strafe verdient. Sie werden dich erschlagen, wenn sie dich nur erwischen. Ich aber will zwischen dir und den Bewohnern der Stadt Frieden vermitteln, wenn du versprichst, niemandem mehr ein Leid zuzufügen!« Der Wolf wedelte mit dem Schwanz und nickte mit dem Kopf, als habe er seine Zustimmung gegeben. Franz fuhr fort: »Ich weiß, dass du nur aus Hunger getötet hast. Die Menschen werden dir daher fortan jeden Tag Futter bereitstellen. Nun zeig mir, dass wir uns verstanden haben und du Frieden schließen willst!« Der Wolf gab Franz seine Pfote. Treu wie ein dressierter Wachhund folgte er ihm in die Stadt. Die Menschen liefen zusammen und trauten ihren Augen nicht. Franz erklärte ihnen den Vertrag. Tatsächlich hielten sich die Menschen daran und umsorgten den Wolf, dass er keinen Hunger mehr litt und daher auch keinen Menschen mehr angriff bis an sein Lebensende.

* ### Franziskus spricht mit den Tieren

Zu diesem Thema gestalten wir eine kleine Erzähllandschaft als Figurengruppe unter dem Baum des Lebens, in dessen Zweigen die Vögel des Himmels nisten. Kinder können sie anmalen, ausschneiden und um eigene Tierbilder ergänzen.

Die Figuren können in die Landschaft geklebt werden oder als Stabpuppen verwendet werden, um die Geschichte nachzuspielen.

- **Der Tisch ist für uns gedeckt**

Räuber kamen in die Einsiedelei und baten die Brüder des heiligen Franziskus, ihnen Brot zu geben. »Räubern dürfen wir kein Brot geben«, sagten einige Brüder. Andere Brüder jedoch gaben ihnen Brot und was sie sonst zum Leben brauchten. Als Franziskus zu diesen Brüdern kam, fragten sie: »Sollen wir den Räubern etwas geben oder nicht?« Franziskus sagte: »Tut, was ich euch sage: Holt Brot, Wein, Wasser und ein Tischtuch. Wir wollen in den Wald gehen, um den Räubern den Tisch zu decken. Wenn Gott uns immer wieder den Tisch deckt, dann müssen auch wir ihn für andere decken.«

Als sie im Wald einen schönen Platz gefunden hatten, breiteten sie ihre mitgebrachten Schätze aus. Dann riefen sie: »Räuber, kommt zu Tisch, wir sind eure Brüder! Kommt, wir haben euch den Tisch gedeckt mit Brot und Wein.« Die Räuber wunderten sich über diese Einladung. Noch nie hatte ihnen jemand den Tisch gedeckt. Langsam und vorsichtig näherten sie sich den Brüdern. Dann setzten sie sich an den Tisch, der für sie auf der Erde liebevoll gedeckt war.

Franziskus und seine Brüder bedienten die Räuber beim Essen und Trinken. Sie erzählten, lachten und scherzten mit ihnen. Nach dem gemeinsamen Mahl sprachen die Brüder ein kurzes Dankgebet. Sie baten die Räuber, den Menschen in der Umgebung kein Leid anzutun. Sie sagten: »Wir sind bereit, unser Essen mit euch zu teilen. Wir kommen wieder und decken euch den Tisch.«

Am nächsten Tag brachten sie Brot, Wein und einige Fische in den Wald. Die Räuber wunderten sich, doch sie ließen sich gern von diesen frohen Brüdern bedienen. »Wenn ihr arbeiten und anderen helfen würdet, dann wäre euer Leben schöner und sinnvoller«, sagten die Brüder.

Die Räuber aber sagten dazu nichts. Nach Tagen fingen sie an, den Brüdern in der Einsiedelei Holz zu bringen. Das Vertrauen in ihre selbstlose Liebe wuchs. Durch die Freundschaft mit den Brüdern änderten nach und nach viele Räuber ihr Leben, einige traten sogar in die franziskanische Gemeinschaft ein.

*(Heriburg Laarmann)*

- **Augen auf**

Die Liebe zur Schöpfung ist ein Wesensmerkmal von Franziskus, das Kindern entgegenkommt. Einige Ideen sollen zu einem bewussten Wahrnehmen der Natur führen und eine emotionale Nähe zur Kreatur aufbauen:

Vor einem Spaziergang werden Suchaufgaben ausgegeben: Stein- oder Pflanzenarten, eine Quelle usw. Vorgabe kann auch sein, Symmetrien in der Natur zu entdecken oder einen besonders schönen Gegenstand zu finden.

- **Am Wegesrand gefunden**

Jeder bekommt einen Beutel. Darin darf er unterwegs alles (außer Lebewesen und geschützte Pflanzen/Pilze!) einsammeln, was ihm besonders auffällt: bunte Steine, interessante Ästchen, Zapfen usw. Bei einer Rast stellen wir uns unsere Funde vor, gestalten damit ein Bodenbild oder Tastspiel.

- **Mein Freund, der Baum**

Wir versuchen eine Baumbetrachtung an einem besonders auffälligen Baum, malen ihn oder schreiben ihm, singen und tanzen um ihn herum oder umarmen ihn usw. Jeder sucht sich in der Umgebung einen Baum als seinen Freund, gibt ihm einen Namen, nimmt ein Blatt als »Talisman« mit, trocknet und presst es, schreibt ein Gedicht dazu und besucht den Baum im Laufe des Jahres, um die Veränderungen an ihm zu beobachten.

- **Ich staune!**

Man kann nur etwas lieben, das man sich vertraut gemacht hat. Jeder sucht sich unterwegs ein kleines Stückchen Natur und schreibt später dazu einen persönlichen Brief, ein Gedicht oder eine Gegenstandsbeschreibung. Man kann es auch möglichst genau malen oder einen besonders schönen Naturanblick mit der Kamera oder mit dem inneren Auge fotografieren.

- **Imaginationsübung**

An einem schönen Rastplatz nehmen wir uns Zeit für eine Fantasiereise: Wie war es hier vor 1000 Jahren? Wie wäre es, wenn wir hier immer leben würden? Wir denken uns ganz tief in einen Baum, in ein Waldtier oder eine Pflanze hinein. Wir gehen unseren eigenen Träumen nach und fühlen uns als Teil der Umgebung, als Baum, als Quelle, See oder Wolke.

- **Wiesenträume**

Wir suchen einen besonders stillen Ort auf, eine Blumenwiese oder einen tiefen Wald, eine Quelle oder einen Aussichtspunkt und versuchen hier, die Natur in uns aufzusaugen, uns auf die Stille einzulassen, mit geschlossenen Augen nur mit den Ohren zu sehen. Wir tauschen unsere inneren Erlebnisse aus oder hören dazu eine passende Geschichte, den Psalm 104, die Schöpfungserzählungen, den Lobgesang der drei Jünglinge nach dem Überstehen des Feuerofens oder den Sonnengesang des Franziskus.

- **Im Einklang mit der Natur**

An einem ruhigen Bachlauf nehmen wir uns Zeit und werden ganz still, als wären wir Teil der Natur: stumm wie ein Baum. Allmählich werden die Geräusche um uns herum intensiver. Das Murmeln des Baches, Vogelstimmen, Wind und andere Geräusche werden zu einer großen Klangkulisse mit Rhythmen, Staccatos, Flächen- und Punktklängen. Jeder freundet sich mit einem Geräusch an und versucht, es vorsichtig zu imitieren, zu unterstützen oder zu antworten, mischt eigene Klangideen dazu mit Naturgegenständen, mal leise, mal dominierend, bis er sich im Einklang mit der Schöpfung fühlt.

- **Meditation**

Wir suchen eine Waldkapelle, ein Wegekreuz auf oder gestalten selbst einen Naturaltar oder ein Mandala aus Naturprodukten an einem Waldrand und feiern ein Waldfrühstück oder einen Waldgottesdienst mit vorbereiteten Elementen oder aus dem Augenblick heraus. Als Erinnerung gestaltet jeder ein Holzkreuz oder nimmt einen Stein aus einem gelegten Mandala als Glücksstein mit nach Hause.

- **Gott suchen**

Wo können wir Gott in der Natur entdecken? Als Schöpfer, dem wir uns verdankt wissen, wird er in jedem Element erfahrbar als Prinzip der Schöpfung. Aber auch in der Ruhe, in der Entdeckung der eigenen Kreatürlichkeit, in der Begegnung mit Tier und Mensch erfahren wir ihn. Wir machen uns gegenseitig auf solche Zeichen aufmerksam, zeichnen sie auf und erinnern uns immer wieder daran. Wo kann ich mich selbst am besten als Teil der Schöpfung Gottes erfahren?

- **Der Sonnengesang**

Zu einzelnen Strophen können Kinder Bilder gestalten oder sogar eine eigene Lobzeile ergänzen.

1. Du höchster, guter Herr, dir sind die Lieder des Lobes,
   Ruhm und Ehre und jeglicher Dank geweiht;
   dir nur gebühren sie, Höchster.

2. Gelobt seist du, Herr, vor allem für die Schwester Sonne,
   die uns den Tag heraufführt und Licht spendet.
   Dein Gleichnis ist sie, Erhabener.

3. Gelobt seist du, Herr, durch Bruder Mond und die Sterne.
   Durch dich funkeln sie am Himmelsbogen und leuchten
   köstlich und schön.

4. Gelobt seist du, Herr, durch Bruder Wind, Luft und Wolke,
   die sanft oder streng, nach deinem Willen, die Wetter leiten,
   die durch dich sind.

5. Gelobt seist du, Herr, durch Schwester Quelle:
   Wie ist sie nützlich in ihrer Demut,
   wie köstlich und rein!

6. Gelobt seist du, Herr, durch Bruder Feuer,
   durch den du zur Nacht uns leuchtest. Wohlig ist er am warmen Kamin,
   mächtig als lodernder Brand.

7. Gelobt seist du, Herr, durch unsere Mutter Erde,
   die gütig und stark uns trägt und mancherlei Frucht uns bietet
   mit farbigen Blumen und Bäumen.

8. Gelobt seist du, Herr, durch jene, die verzeihen
   und die ertragen Schwachheit, Leid und Qual.
   Du, Höchster, wirst sie belohnen.

9. Gelobt seist du, Herr, durch unsern Bruder, den leiblichen Tod;
   ihm kann kein lebender Mensch entrinnen.
   Lass niemanden sterben unversöhnt mit dir!

10. Selig, die deinen Willen tun! Denn sie versehrt nicht der zweite Tod.
    Lobet und preiset den Herrn!
    Danket und dient ihm in großer Demut!

- **Schöpfungs-Mobile**

Nach den Schöpfungswerken gestalten wir ein Mobile. Dazu bemalen wir runde Pappscheiben (beklebte Bierdeckel) mit Schöpfungsmotiven und drapieren sie an Fäden und Strohhalm-Bügeln zu einem Mobile:

## 7.3 Allerheiligen/Allerseelen

November

An Allerheiligen wird besonders der Verstorbenen gedacht, die nach christlicher Lehre vorbildlich gelebt haben. Das Fest geht über in das Fest Allerseelen am 2. November, an dem aller Verstorbenen gedacht wird. Im anglo-amerikanischen Raum heißt die Nacht zum 1.11., dem keltischen Neujahrstag, Halloween (all hallows = alle Heilige, eve(ning) = Abend).

Zum Brauchtum am Allerseelen zählt die vorabendliche Segnung der Gräber der Verstorbenen. Angehörige stellen rote Grablichter auf als Zeichen der Osterhoffnung. In der Allerseelenmesse wird in manchen Gegenden besonders für die Verstorbenen der Gemeinde des vergangenen Jahres gebetet: »Der Herr lasse sie in seinem Frieden ruhen und schenke ihnen die ewige Ruhe«. Darin scheint die Sehnsucht nach endgültiger Harmonie des Lebens bei Gott auf. In katholisch geprägten Gegenden findet sich der vermutlich auf keltische Ursprünge zurückgehende Volksglaube, dass in der Allerheiligennacht die Trennwand zur Totenwelt durchlässig wird, so dass die Verstorbenen zurückkehren, um ihre Hinterbliebenen um Fürbitte zu ersuchen für ihr Seelenheil oder um Besitz von den Lebenden zu ergreifen. Zur Abschreckung verkleideten sich die Lebenden deshalb mit gruseligen Masken und vertrieben ihre Ängste mit lautem Getöse. Darauf basiert auch das von Amerika zurückkehrende Halloween-Brauchtum.

## Ideenbaum zum Totengedenken

- **Grablicht**

Ein altes, schön geformtes Marmeladen- oder Einmachglas wird von außen mit Transparentpapierschnipseln in mehreren Schichten beklebt. Rottöne empfehlen sich für Grablichter besonders, aber auch österliche Hoffnungssymbole können den Osterglauben mit dem Totengedenken verknüpfen.

- **Gedenk-Kerze**

Zum Allerseelengottesdienst gestalten wir für einen Verstorbenen, an den wir besonders denken wollen, eine Kerze mit seinem Namen, dem Todestag und einem Dank- oder Hoffnungssymbol. Bei den Fürbitten oder dem Totengedenken im Hochgebet bringen Kinder ihre Gedenkkerze dann zum Altar oder stellen sie am Fuße des Kreuzes auf, verbunden mit einer persönlichen Andacht oder Fürbitte.

- **Grabschmuck**

Gemeinsam suchen wir im Herbstwald oder Park nach geeigneten Zweigen, Zapfen oder Baumfrüchten, auffallend schönen Steinen oder Blättern und gestalten daraus ein Gesteck, ein Mosaik oder eine Grabauflage etwa in Kreuzform. Wer vorsorgen will, bittet den Friedhofsgärtner im Vorjahr darum, einige Styropor-Kerne von Grabgestecken oder Kränzen aufzuheben. Sie lassen sich leicht mit etwas Blumendraht und Tannengrün im Folgejahr von den Kindern neu schmücken. Gemeinsam tragen wir sie dann am Allerheiligenfest oder Totensonntag zu den Gräbern und halten am Grab unser gemeinsames Totengedenken.

- **Grabpflege**

Ältere Kinder machen es sich zur Aufgabe, nach Rücksprache mit dem Friedhofsgärtner ein oder mehrere ungepflegte Gräber zum Allerheiligentag herzurichten: ein vergessenes Kindergrab, ein Kriegsopfergrab oder eine besondere Toten-Gedenkstätte auf dem Friedhof. Dabei kommt es nicht auf großartige Aufwendungen, sondern die aufmerksame Hinwendung an. Der gemeinsame Friedhofsbesuch mit der Absicht, ein verkommenes Grab zu entlauben und den Toten zu würdigen, bietet Anlass zum Gespräch.

- **Friedhofsgang**

Eine Gruppe nimmt sich vor, einen Friedhof zu besuchen. Was gibt es dort zu entdecken? Sicher die Ruhe und die besondere Atmosphäre des Ortes, die Konfrontation mit den Erinnerungen, Fragen, Ängsten und Hoffnungen, die sich in diesem Garten begegnen. Zuerst besuchen wir das Grab eines Angehörigen, vergegenwärtigen ihn uns. Was wissen wir noch von ihm? Unterwegs achten wir auf die Namen, Lebensdaten und das Alter anderer Verstorbener. Welche Namen kommen uns bekannt vor? Grabsteine geben mit ihren stummen Botschaften, Bildern und Symbolen zu denken. Welche Stimmungen löst der Besuch in uns aus? Wie können wir ihnen Ausdruck verleihen und die Gefühle miteinander teilen? Welche Rituale und Gebete, Trostworte oder Hoffnungsbilder fallen uns ein? Wie verabschieden wir uns angemessen von dem Ort, an dem Menschen ihre letzte Ruhe fanden?

- **Hoffnungssymbole**
Todesanzeigen, Grabsteine und Friedhofskunst bergen eine Fülle von Hoffnungsbotschaften. Welche sind uns geläufig? Welche fordern zum Nachdenken oder Gespräch heraus? Man kann einen Grabstein entwerfen, aus Ton oder Speckstein gestalten, ein Hoffnungsbild für eine Todesanzeige malen oder einen Trostbrief formulieren und verzieren.

- **Totenkult**
Jede Religion und Kultur hat eigene Formen der Totenehrung geprägt. Vom Hünengrab über Feuerbestattung bis zum Pyramidenbau tut sich ein weites Spektrum auf, das Kinder hoch interessant finden und zu dem sie Informationen zusammentragen und austauschen können. Dabei kann man schnell in den Bereich der Grenzerfahrungen und des Okkulten geraten. Hier besteht Klärungsbedarf, damit sich keine Ängste aus falschen spiritistisch-esoterischen Vorstellungen einschleichen.

- **Hoffnungsgeschichten der Bibel**
Wir lesen in der Bibel Hoffnungsgeschichten und sprechen darüber: Hiob-Verse, die Psalmen, der Lobgesang der Jünglinge nach der Rettung aus dem Feuerofen, Jesu Reich-Gottes-Gleichnisse und natürlich die Osterbotschaft mit den nachösterlichen Bekenntnissen bieten sich an.

- **Auferstehungsbekenntnisse**
Die Zeugnisse werden kopiert, ausgelegt und besprochen. Jeder malt zu einem Zeugnis eine Ostersonne oder ein anderes österliches Symbol und schreibt oder klebt seinen Text dazu, so dass ein Auferstehungsplakat oder eine Doppelpostkarte entsteht (siehe auch 6.3 Maria Magdalena).

**Lukas 24,1–5:** Am ersten Tag der Woche gingen sie mit den wohlriechenden Salben, die sie zubereitet hatten, in aller Frühe zum Grab. Da sahen sie, dass der Stein weggewälzt war. Und als sie hineingingen, fanden sie den Leichnam nicht. Als sie ratlos dastanden, traten zwei Männer in leuchtenden Gewändern zu ihnen. Sie erschraken und blickten zu Boden. Die Männer aber sagten zu ihnen: Was sucht ihr den, der lebt, bei den Toten?

| | |
|---|---|
| **Apostelgeschichte 17,32:** Als sie von der Auferstehung der Toten hörten, spotteten die einen, andere aber sagten: Darüber wollen wir dich ein andermal hören. | **Apostelgeschichte 4,33:** Mit großer Kraft legten die Apostel Zeugnis ab von der Auferstehung Jesu, des Herrn, und reiche Gnade ruhte auf ihnen allen. |
| **Philipper 2,7–11:** Sein Leben war das eines Menschen; er erniedrigte sich und war gehorsam bis zum Tod, bis zum Tod am Kreuz. Darum hat ihn Gott über alle erhöht und ihm den Namen verliehen, der jeden Namen übertrifft, damit vor dem Namen Jesu alle ihre Knie beugen und jede Zunge bekennt: »Herr ist Jesus Christus«, zur Ehre Gottes, des Vaters.« | **1 Korinther 14,3–6:** Denn vor allem habe ich euch überliefert, was auch ich empfangen habe: Jesus starb für unsere Sünden, wie es die Schriften gesagt haben, und wurde begraben. Er ist am dritten Tag auferweckt worden, wie es die Schriften gesagt haben, und erschien dem Kefas, dann den Zwölf. Danach erschien er mehr als 500 Brüdern zugleich. |
| **1 Korinther 15,12.19–20:** Wie können einige von euch sagen: Eine Auferstehung der Toten gibt es nicht? Wenn wir unsere Hoffnung nur in diesem Leben auf Christus gesetzt haben, sind wir erbärmlicher daran als alle anderen Menschen. Nun aber ist Christus von den Toten auferweckt worden als der Erste der Entschlafenen. | **Epheser 2,4–7:** Gott aber, der voll Erbarmen ist, hat uns, die wir durch unsere Sünden tot waren, in seiner großen Liebe, mit der er uns geliebt hat, zusammen mit Christus wieder lebendig gemacht. Aus Gnade seid ihr gerettet. Er hat uns mit Christus auferweckt und uns mit ihm einen Platz im Himmel gegeben. |
| **Johannes 11,25:** Ich bin die Auferstehung und das Leben. Wer an mich glaubt, wird leben, auch wenn er stirbt. | **Römer 6,9.11:** Wir wissen, dass Christus, von den Toten auferweckt, nicht mehr stirbt, der Tod hat keine Macht mehr über ihn. So sollt auch ihr euch verstehen als Menschen, die für die böse Sünde tot sind, aber für Gott leben in Christus Jesus. |

- **Wer ist das, der Todesleid in Freude wandelt? (nach Lukas 7,11–17)**

Warum musste ausgerechnet ihr Sohn sterben? Erst hatte sie ihren Mann verloren und nun auch noch ihren einzigen Sohn! Warum nahm ihr Gott alles, woran ihr Herz hing? Warum ließ der gute Gott sie so sehr leiden? Wie konnte Gott das alles zulassen?

Und so wie sie dachten viele der Teilnehmer an dem langen Trauerzug, der sich aus der Stadt Nain durch das alte Stadttor hinaus zum Friedhof bewegte. Erschütterte Gesichter, tiefe Trauer, soweit das Auge reichte.

»Weine nicht!«, klang es unvermutet an ihr Ohr. Durch ihre Tränen sah sie plötzlich in zwei tief bewegte Augen. Soviel Güte und Mitleid in einem einzigen Augenblick! »Weine nicht!«, hörte sie eine Stimme sagen.

Dann trat diese Gestalt an die Bahre ihres Sohnes und berührte sie. Die Träger blieben stehen. »Mensch, Junge, ich sage dir: Steh auf!«, sagte die Stimme. Und da sah sie ihren Sohn, wie er augenblicklich den Kopf hob, sich aufrichtete. Und sie hörte ihn wieder sprechen! Mein Gott! Du erbarmst dich einer alten Witwe!

Wer ist das, fragten die Menschen, der alles Leid in Freude wandelt? So erkannten sie in Jesus den Messias, den Christus – schreibt Lukas später.

### Impulse

- Was wundert dich an der Geschichte?
- Was tröstet dich daran?
- Hast du schon einmal Abschied nehmen müssen?
- Wie tröstest du einen Menschen, der traurig ist?
- Warum werden wir schweigsam, wenn wir über Tod und Auferstehung nachdenken?
- Warum müssen alle Menschen sterben?
- Wie stellst du dir ein Leben nach dem Tod vor?

Es gibt weitere Berichte von Auferweckungen in der Bibel. Zum Beispiel: die Tochter des Jairus, Matthäus 9,18–26; Lazarus, Johannes 11,1–7.17–44. Aber auch außerhalb der christlichen Tradition gibt es solche Erzählungen.

- **Böse Geister/Gute Geister**

Das Bild kann ausgemalt oder in die Mitte eines großen Packpapierbogens geklebt werden, so dass alle rundherum weitere böse Geister malen oder – aus Illustrierten oder Comics ausgeschnitten – kleben können. Es kann dann als Titelbild eines Gottesdienstes verwendet werden.

## Gottesdienst: Von allen guten Geistern verlassen?

*Je nach Region ist dieser Gottesdienst zu Halloween oder zu Karneval denkbar.*

### Material

*Handpuppen oder Abbildungen von Krokodil, Räuber, Hexe, Teufel, Tod, Kasper, Seppel, Großmutter, König*

### Einführung

*Bildgestaltung und/oder Betrachtung (s. Vorseite).*

## Sprechspiel zum Bußakt

### Sprecher 1
Plagegeister gibt es genug in der Welt. Du brauchst nur das Fernsehen einzuschalten. Was siehst du da nicht alles an Schrecklichem: Krieg, Terror, Mord und Totschlag, Katastrophen und Verbrechen.

### Sprecher 2
Horrorfilme haben es in sich. Sie locken auch schon kleine Kinder ins Kino. Harry Potter kämpft stundenlang gegen böse Geister, Monster, und Zauberer. Alles in seiner Welt ist wie verhext von bösem Zauberspuk.

### Sprecher 3
Aber auch bei uns herrscht mancher Ungeist: Zank und Streit, blinde Wut, Geiz und Neid toben sich aus. Die eine stänkert, der andere zickt herum.

### Sprecher 4
Warum gibt es so viel Böses in der Welt? Warum finden wir so einen Spaß daran? Was macht uns Angst und bange? Und warum gucken wir trotzdem so gerne das Schaurige? – Na, wer kommt denn da?

*Kinder treten vor mit einer Handpuppe oder Abbildung der jeweiligen Figur.*

## Krokodil

Mich kennt ihr wohl! Ich bin das Krokodil. Ich kann mein Maul ganz weit aufreißen. Da kriegst du einen Riesenschreck, wenn ich auftauche. Erst liege ich still wie ein Stein auf der Lauer. Aber wehe, du kommst mir zu nahe. Dann schnappe ich blitzschnell zu! Haappp!

## Sprecher 1

Nehmen wir nicht den Mund oft viel zu voll? Spielen uns groß vor anderen auf, um sie klein zu kriegen? Wir wollen aufpassen, dass wir anderen damit nicht wehtun. Böse Worte können sehr verletzen.
Guter Gott! Gib uns deinen guten Geist, bevor wir den Mund zu weit aufreißen wie ein Krokodil.

**Liedruf**  Du, Herr, gabst uns dein festes Wort: Gib uns allen deinen Geist.

## Räuber

Nehmt euch vor mir in Acht. Ich bin ein ganz gefährlicher Räuber! Ich nehme mir, was ich kriegen kann. Ich knacke jedes Schloss. Ich finde immer, was ich suche: Zaster, Knete, Moneten! Hahahaha!

## Sprecher 1

Schielen wir nicht auch manchmal nach den Sachen anderer? Der Neid frisst uns fast auf. Das muss ich haben, koste es, was es wolle. Zur Not nehme ich es mir einfach, wenn es niemand sieht.
Guter Gott! Gib uns deinen Geist, dass wir nicht neidisch oder habgierig werden wie so ein böser Räuber.

**Liedruf**  Du, Herr, gabst uns dein festes Wort

## Hexe

Die Hexe bin ich. Hihihi. Alle fürchten sich vor meiner Zauberkraft! Hexhex! Mein Besen fliegt mit mir da hin, wo ich Streit schüren kann. Hei, wie sie sich dann in die Haare kriegen! Hihihi!

## Sprecher 1

Manchmal ist es wie verhext: Plötzlich gibt es Streit. Die Wut frisst sich in den Bauch und gibt uns keine Ruhe mehr, bis Fäuste zuschlagen.

Guter Gott! Gib uns deinen guten Geist, dass wir uns nicht böse streiten. Lass aus frechen Fratzen frohe Gesichter werden!

**Liedruf** Du, Herr, gabst uns dein festes Wort

## Teufel
Ich bin der schlimmste von allen. Uahhhh! Der Teufel! Plötzlich bin ich da, schleiche mich in dich und verführe dich zum Bösen! Es macht mir einen Höllenspaß, dich auf dumme Gedanken zu bringen! Hahahaha!

## Sprecher 1
Geh zum Teufel – sagen wir. Wie schnell lassen wir uns zum Bösen hinreißen, auch wenn wir genau wissen, was gut wäre.
Guter Gott! Gib uns deinen guten Geist, der uns den Teufel vom Leib hält und uns stark macht für das Gute!

**Liedruf** Du, Herr, gabst uns dein festes Wort

## Tod
Ich bringe jeden zum Gruseln, ich, der Tod. Vor mir hat jeder Angst. Denn keiner kann mir entkommen. Ich spuke in euren Köpfen im Traum als Nachtgespenst. Huhuhuhui! Ich komme auf leisen Sohlen und entfliehe durch den Schornstein wie der Wind. Huhuhuhuiii!

## Sprecher 1
Wir lassen uns keine Angst einjagen! Wir sind nicht von allen guten Geistern verlassen.
Guter Gott! Auf dein Wort vertrauen wir: Selbst der Tod hat nicht das letzte Wort über uns, sondern nur du allein. Deine Liebe ist stärker als der Tod.

**Liedruf** Du, Herr, gabst uns dein festes Wort

## Schriftworte
Lesung: 1 Petrus 3,13–17 oder 1 Johannes 3,7–10
Evangelium: Johannes 3,13–18 oder Markus 9,14–27

**Fürbitten**

Guter Gott! Du bist heiliger Geist, der uns zum Guten treibt. Du bist die schöpferische Kraft, aus der wir andere froh machen können. Du bist die rettende Hand, wenn uns Ängste quälen. So bitten wir um deinen Geist:

**Liedruf**   Herr, gib uns deinen Geist, den Geist der Freude (TfG 68)

**Fürbitten**

**Kasper**

Hallo, liebe Kinder! Da seid ihr ja alle! Es gibt nicht nur böse Buben hier. Es gibt auch mich, den Kasper. Spaß und Freude will ich machen. Manchmal spiele ich auch gerne kleine Streiche. Aber wenn es drauf ankommt, dann könnt ihr euch auf mich verlassen.

**Sprecher 1**

Guter Gott! So ein Kerl möchte ich sein, wie der Kasper. Das Herz am rechten Fleck. Schenk uns auch von dieser Lebensfreude.

**Liedruf**   Herr, gib uns deinen Geist

**Seppel**

Habt ihr vielleicht den Kasper gesehen? Ich bin sein Freund, der Seppel. Es ist schön, so einen Freund wie den Kasper zu haben. Er ist immer da, wenn man ihn braucht. Freunde lassen sich nicht im Stich! Wo ist er nur?

**Sprecher 1**

Guter Gott! Ich will ein guter Freund sein. Ein Freund, wie der Seppel für den Kasper. Freunde sind immer füreinander da, wie du. So hat es Jesus jedenfalls gesagt: Gott ist wie ein guter Freund. Lass uns das immer wieder spüren.

**Liedruf**   Herr, gib uns deinen Geist

**Großmutter**

Der Kasper hat doch immer nur Unsinn im Sinn. Ich muss das wissen, denn ich bin ja seine Großmutter. Was der Kasper so alles treibt. Aber es stimmt: Im Grunde ist er ein herzensguter Junge, der Kasper. Ich glaube, er mag euch, und ihr mögt ihn genau so gut leiden wie ich.

**Sprecher 1**

Guter Gott! Es ist gut, wenn jemand für uns da ist wie Mama und Papa, Oma oder Opa. Manchmal gehen wir denen aber auch auf den Geist. Gib ihnen so viel Geduld, wie sie für uns brauchen.

**Liedruf**   Herr, gib uns deinen Geist

**König**

Mich kennt jeder im Land, ich bin euer König. Ich sorge für mein Volk, denn ich will ein guter Herrscher sein und ein gerechter. Das Böse soll keinen Raum haben in meinem Reich.

**Sprecher 1**

Guter Gott! Es ist gut, wenn sich ein König um Gerechtigkeit und Frieden bemüht. Du lässt deine Sonne über Reiche und Arme gleichermaßen aufgehen. In deinen Augen sind alle Menschen gleich!

**Liedruf**   Herr, gib uns deinen Geist

**Sprecher 1**

Guter Gott! Wir sind nicht von allen guten Geistern verlassen, denn du willst unser Gott sein und bist uns mit deinem heiligen Geist immer nah. Auf dein Wort können wir uns verlassen. So brauchen wir weder Tod noch Teufel zu fürchten, denn du bist für uns. So segne euch der gute Geist Gottes, des Vaters, des Sohnes und des Heiligen Geistes. Amen.

# 8. Die treibende Kraft der Liebe

*Tu erst das Notwendige,*
*dann das Mögliche,*
*und plötzlich*
*schaffst du das Unmögliche!*
Franz von Assisi

Treibe mich an, du Heiliger Geist, dass ich Heiliges tue! Heilige sind Zeugen und Wegbereiter des Gottesglaubens. Sie ließen sich antreiben von der Liebe Gottes, stellten sich der Berufung und Aufgabe nicht immer ohne Widerspruch und Selbstzweifel. Doch sie gingen ihren Weg im Vertrauen auf sein Wort. Die Lebensbilder, die manche hinterließen, prägten die Geschichte nicht nur ihrer Zeit. Sie entdeckten Neuland, stellten Weichen für die Zukunft und hinterließen Spuren bis in unsere Tage. Die Geschichten, die von ihnen überliefert sind, erzählen nicht nur von Heldentaten, sondern beginnen mit dem oft sehr schweren ersten Schritt in eine ungewisse und gefährliche Zukunft. Doch sie nahmen die Herausforderung an, weil sie sich von Gottes Liebe beseelt und begleitet fühlten auch auf verschlungenen unsicheren Wegen. Sie wuchsen mit und an ihrer Aufgabe oft über sich selbst hinaus und entdeckten in sich ungeahnte Fähigkeiten aus der Kraft der Liebe, die Gott ist.

## Ideenbaum mit reifenden Himmelsfrüchten

- **Talente wachsen in uns**

Wie kann die Erfahrung der dynamischen, von innen heraus antreibenden Kraft zum Guten als Grundmotiv des Handelns der Heiligen nachvollziehbar werden? Vielleicht in dieser kleinen Stilleübung. Ohne eigenes Dazutun soll aus einem kleinen, unscheinbaren Anfang etwas überraschend großartig Schönes erwachsen. Es liegt ganz in unserer Hand.

In der Kreismitte liegen bunte Chiffontücher in einer symmetrischen Ordnung, mindestens für jeden Teilnehmer eines zur Auswahl. Jeder nimmt sich ein Tuch und versucht dann, mit dieser Requisite eine positive Eigenschaft, die er hat oder haben möchte, pantomimisch darzustellen: Das kann ich gut! Oder: So möchte ich gerne sein!

Jeder knüllt danach sein Chiffontuch bedächtig zu einer Stoffkugel zusammen und denkt an eine besondere, vielleicht noch nicht ausgeschöpfte Fähigkeit, die in ihm schlummert und in Zukunft wachsen und reifen soll. Dabei drückt er das Tuch in seinen Handflächen zusammen, so dass es von außen möglichst nicht mehr sichtbar ist, und schließt am Ende mit den Händen in Gebetshaltung das Tuch ganz ein. Bei gedämpfter Musik oder in angenehmer Stille verweilen wir bei dieser Vorstellung von einem Kraftzentrum in unseren Händen, aus dem sich unsere Talente nähren.

Am Ende öffnet einer nach dem anderen im Kreis langsam seine Handflächen, wobei sich das Tuch wie eine Blüte daraus entfaltet. Wir legen die »Blüten« schweigend vorsichtig vor uns im Kreis ab.

Das Ablegen der Blumen kann auch in Form eines Gebetskreises geschehen. In diesem Fall spricht jeder, der möchte, beim Ablegen der Stoffblume eine Bitte, einen Dank oder sein augenblickliches Gefühl aus. Wir hören dann von einem Heiligen oder einer Heiligen, durch die Gottes Wort erblüht ist, und lassen die Andacht mit dem Lied ausklingen: »Alle Knospen springen auf« (TfG 94).

## Impulskarten als Gesprächshilfe

| | | |
|---|---|---|
| Warum hast du die Tuchfarbe gewählt? | Wie war das, als du das Tuch in die Hand geknüllt hattest? | Was hast du beobachtet, als du die Hände wieder öffnetest? |
| Wie war das Gefühl, als du die Tuchblüte auf deinen Händen spürtest? | Welche Gedanken sind dir durch den Kopf gegangen? | Was hast du bei anderen beobachtet? |
| An was erinnert dich diese Übung? | Welchen Namen möchtest du deiner Blume geben? | Erzähle die Geschichte aus der Sicht des Tuches! |
| Welche Eigenschaften sollen in uns groß werden? | Welche Eigenschaften zeichnen Heilige aus? | Kennst du eine Legende, in der etwas zu wachsen beginnt? |
| Wer oder was kann einen Menschen ermutigen, sich zu öffnen? | Wem würdest du die Blume gerne schenken? | Wer würde sich über so eine Blume besonders freuen? |

## Gottesdienstvorschlag:
## Geteilte Freude ist doppelte Freude

**Lied** Jetzt ist die Zeit (TfG 758)

### Eröffnung/ Begrüßung

»Geteilte Freude ist doppelte Freude«, sagt das Sprichwort. Gott teilt die Welt nicht in Gewinner und Verlierer ein. Er ist ein Gott des Lebens, der will, dass alle das Leben in Fülle haben. In der menschlichen Gemeinschaft geht das nur, wenn jeder seinen Teil dazu beiträgt. Was aber ist unser Teil?

### Sprechspiel als Denkimpuls

**Sprecher 1**

Wer schaut die Tagesschau im Fernsehen? Da habt ihr bestimmt schon von Kindern gehört, die es sehr viel schwerer haben als wir. Die nicht satt werden oder auf der Straße leben müssen, allein auf sich gestellt. Heute stellen wir euch drei Kinder aus Indien vor: Salim, Lal und Amina. Stellvertretend für die namenlosen Kinder auf der Schattenseite dieser Welt.

**Sprecher 2**

Ich bin zehn Jahre alt und heiße Salim. Vor fünf Jahren sind meine Eltern mit mir und meinen fünf Geschwistern nach Delhi gezogen, weil hier alles viel besser sein sollte als in unserem kleinen Dorf.
Wir wohnen in einem Elendsviertel, einem Slum außerhalb der Stadt. Dort ging es uns aber bald noch viel schlechter als auf dem Land. Wir mussten alle noch mehr arbeiten, damit wir genug zu essen hatten. Mein Vater war überarbeitet und fing an, uns zu schlagen. Da bin ich einfach abgehauen.

**Sprecher 3**

Hallo, ich heiße Lal und bin 13 Jahre alt. Vor drei Jahren bin ich aus meinem Heimatdorf weggelaufen. Ich habe es dort nicht mehr ausgehalten. Jeden Tag musste ich mit meinen Eltern im Steinbruch arbeiten, weil sie kein Geld hatten. Die Arbeit war dort sehr hart. Dann hat mir jemand erzählt, dass man in der Stadt viel leichter Geld verdienen kann. Da bin ich ab in die Stadt. Aber das Leben ist in der Stadt nicht leichter. Ich lebe jetzt nur draußen auf der Straße und habe gar keine Wohnung mehr.

**Sprecher 4**

Ich heiße Amina und bin zwölf Jahre alt. Meine Familie wohnt am Stadtrand in einem Slum. Mein Vater hat keine Arbeit, deshalb müssen wir Kinder in die Stadt gehen, um Geld zu verdienen. Wir sammeln Müll am Bahnhof und hinter den großen Hotels. Den Abfall sortieren wir und verkaufen ihn an die Müllhändler. *(Misereor)*

### Lied zum Kyrie   Herr, guter Gott, erbarme dich! (TfG 108)

### Schriftwort (Matthäus 14,13–16)

Als Jesus all das hörte, fuhr er mit dem Boot in eine einsame Gegend, um allein zu sein. Aber die Leute in den Städten hörten davon und gingen ihm zu Fuß nach. Als er ausstieg und die vielen Menschen sah, hatte er Mitleid mit ihnen und heilte die Kranken, die bei ihnen waren. Als es Abend wurde, kamen die Jünger zu ihm und sagten: Der Ort ist abgelegen, und es ist schon spät geworden. Schick doch die Menschen weg, damit sie in die Dörfer gehen und sich etwas zu essen kaufen können. Jesus antwortete: Sie brauchen nicht wegzugehen. Gebt ihr ihnen zu essen!

### Weiterführung

**Sprecher 2**

Aber, wie sollen wir die satt kriegen? Wir haben kein Geld mehr. Brot für 1000 Euro reicht nicht für so viele. Woher also nehmen?

**Sprecher 3**

Da ist nur ein Kind, ein Junge, der hat in seinem Rucksack noch fünf Brötchen und zwei Fische. Doch was ist das schon für so viele.

**Sprecher 4**

Jesus sagte: Wo ist der Junge? Holt ihn. Alle sollen satt werden.

**Sprecher 1**

Sie holten den Jungen. Er war von weither gekommen, um Jesus zu sehen und zu hören. Jetzt freute er sich riesig, als Jesus zu ihm sagte:

**Sprecher 3**

Willst du deine letzten Brötchen und Fische abgeben, damit alle satt werden?

**Sprecher 1**

Ohne zu zögern, gab der Junge, was er bei sich trug. Jesus nahm das Brot in die Hand, brach es und fing an, es an die Menschen zu verteilen. Von überall kamen sie: Kinder und Alte, Männer und Frauen mit müden Augen und knurrenden Mägen. Es kamen immer mehr, die etwas zu essen suchten.

**Sprecher 4**

Aber, welch ein Wunder, es kamen auch immer mehr Menschen, die selbst etwas mitgebracht hatten und es jetzt mit anderen teilten: Brot und Obst, Fische und Wurst.

**Sprecher 1**

Welch eine wunderbare Brotvermehrung! Doch wo kam das alles her? Da kamen einige reiche Bauern und Fabrikanten. Sie kamen mit der Eisenbahn, mit Schiffen und Lastwagen und Flugzeugen. Sie brachten Lebensmittel. Jetzt kamen sie und halfen bei der Brotvermehrung.

**Sprecher 4**

Es entstand eine große Gemeinschaft. Wer zu viel hatte, gab dem, der gar nicht mehr hatte. Aus allen Erdteilen kamen sie. Alle brachten mit, was sie hatten. So wurden alle satt.

**Sprecher 1**

Kein Mensch wagte mehr zu sagen: Das gehört nur mir, soll doch jeder für sich selbst sorgen! Jesus hatte den Anstoß gegeben. Jeder verstand jetzt, worauf es ankam: Wenn jeder gibt, was er übrig hat, dann muss am Ende niemand mehr auf der Welt verhungern.

*(Nach einer Idee von Wilhelm Willms)*

8. Die treibende Kraft der Liebe

### Fürbitten

*Nach jeder Fürbitte Liedruf:* Wenn jeder gibt, was er hat (TfG 196)

**Sprecher 1**
Guter Gott! Du willst, dass alle Kinder satt und froh werden. Wir können dafür Zeichen der Hoffnung setzen. Dabei wissen wir: Geteiltes Leid ist halbes Leid, geteilte Freude ist doppelte Freude!

**Sprecher 2**
Ich weiß, teilen macht beide froh, den Geber und den Nehmer. Wenn ich jemandem eine Aufgabe erkläre, dann lerne ich selbst dadurch besser zu verstehen. Ich möchte etwas für andere tun, wo ich kann.

**Sprecher 3**
Ich bin stolz, dass ich bei den Sternsingern mitgemacht habe, statt die Ferien nur zu vertrödeln. Gib uns gute Ideen und Mut zum Mitmachen.

**Sprecher 4**
Ich finde Menschen toll, die ihr ganzes Leben für andere einsetzen. Lass sie spüren, dass wir, dass du ihnen den Rücken stärkst!

**Lied**   Wenn das Brot, das wir teilen (TfG 193)


### Ausblick

**Sprecher 1**
Wir dürfen nicht schweigen von dem, was wir von Salim, Lal und Amina gehört und gesehen haben. Und wir können etwas tun: z.B. Kontakt aufnehmen zu Menschen in Indien, Brieffreundschaften schließen oder uns und andere weiter informieren.

**Sprecher 4**
Jesus hat uns aufgefordert: Gebt ihr ihnen zu essen. Das gilt auch für uns hier in einem der reichsten Länder der Erde. Wir sollten darum Hilfsprogramme tatkräftig unterstützen und anderen davon erzählen, in der Schule, im Bekanntenkreis und am Arbeitsplatz.

**Schlusslied**   Ich steige ein in das Leben (TfG 822)

## 8.1 Martin von Tours

November

*Name: dem Kriegsgott Mars geweiht*
*Bischof von Tours*
*\* 316/17 in Sabaria, Ungarn*
*† 8.11.397 bei Tours, Frankreich*
*Attribute: römischer Reiter, Bettler, Mantel, Gans*
*Patron u. a. von Frankreich, des Kantons Schwyz, des Burgen-*
*landes*

El Greco, Heiliger Martin mit Bettler,
um 1599

»Martin war keine Himmelserscheinung und auch kein Geist aus dem Himmel; nur ein vernünftiges Wesen, sterblich, erdgeboren, ein Menschenkind«, so würdigt Bernhard von Clairvaux den heiligen Martin.

Kaum ein Heiliger ist bei Kindern auch ohne religiöse Bindungen so bekannt und beliebt wie Martin von Tours. Tief im Brauchtum und im Kulturgut verankert, ziehen jedes Jahr am 11.11. Kinder mit Laternen durch die dunklen Straßen, um an ihn zu erinnern und ihm zu Ehren ein großes Lichterfest zu feiern. Tatsächlich ist Martin wegen seiner großen Beliebtheit schon zu Lebzeiten der Erste im Chor der Heiligen, der nicht als Märtyrer starb. So überzeugend muss er auf die Menschen seiner Zeit gewirkt haben, dass seine Verehrung bis in unsere Tage anhält.

Damit das Brauchtum nicht in Klischee und Glühweinromantik erstarrt, gilt es, den christlichen Anspruch aus seiner Biografie deutlich zu machen und das, was ihn antrieb, Kindern ans Herz zu legen. Dabei ist die Begegnung mit dem Bettler nur der entscheidende Wendepunkt gewesen. Seine Vita lässt erkennen, wie durch ihn das Wort Jesu zur Blüte kam: »Was ihr dem geringsten meiner Brüder getan habt, das habt ihr mir getan« (Matthäus 25,40).

## Ideenbaum zum Martinsfest

- **Martinsspiel**

Zur Erarbeitung des Erzählgutes für die Spielgruppe wird vielleicht
nach einer Bildbetrachtung die Legende erzählt oder mit einfachen
Requisiten gespielt. Dazu können die Lieder vorgestellt und der Sprechtext vorgelesen werden. Sprech- und Spielszenen sollten dann einige Tage zuvor in Ruhe
mit den Sängern und Spielern einstudiert werden. Requisiten besorgen sich Kinder
gerne selbst. Das Spiel beginnt im abgedunkelten Raum mit dem gemeinsamen
Eröffnungslied. Durch die Lieder werden die Zuschauer mit einbezogen. Eine Er-
weiterung zum Schattenspiel ist denkbar.

**Eingangslied**   Viele kleine Lichter (Kanon)

1. F    G    C    a
Vie - le klei - ne Lich - ter

2. F    G    C    a
las - sen Got - tes gros - ses Licht er -

3. F    G    C    a
strah - - - - - len

4. F    D    C    a
in der Dun - kel - heit!

T. u. M.: Wolfgang Gies © beim Autor

## Sprecher 1

Wenn ich hier in die Runde schau, dann seh ich Lichter, gelb, rot, blau.
Laternen, mein' ich, baut ihr gerne. Sie sehen aus wie Mond und Sterne.

**Sprecher 2**
Die Lampen habt ihr mitgebracht, zu leuchten hell in dunkler Nacht.
Martinslieder kennt ihr auch und singt mit uns nach altem Brauch.

**Sprecher 3**
Wir spielen für euch heute vor, was einst geschah am großen Tor.
Wie Martin dort den Mantel teilte, das gilt bestimmt für uns auch heute!

**Liedruf**  Viele kleine Lichter

**Erzähler**
Die Bürger lebten reich und satt in Amiens, der stolzen Stadt.
Sie suchten abends ihre Ruh' und schlossen fest das Stadttor zu.
Wer drinnen hinterm Ofen saß, gemütlich trank und satt sich aß,
der dachte ganz bestimmt nicht d'ran, wie schlecht es andern gehen kann.
Da draußen freilich, vor dem Tor, da stand ein alter Mann und fror.
Der Wind ihm durch die Lumpen pfiff, die matte Hand zur Klinke griff.
Verschlossen jedoch war das Tor. Ein Wächter beugte sich kurz vor.
Doch als den Landstreicher er sah, rief er:

**Wächter**
He, Penner, bleib bloß da!
Hier ist ein ehrenwerter Ort, verschwinde, los, troll dich hier fort.
So'n Typ wie du, der gar nichts hat, hat nichts verlor'n in unsrer Stadt!

**Erzähler**
Versteinert blieb der Alte stehen. Er konnte keinen Schritt mehr gehen.
Die Glieder schmerzten, und im Schnee verfror'n die Hände und die Zehen.
Bis hier zum Tor mit letzter Kraft, hat er es gerade noch geschafft,
vorangetrieben von der Hoffnung zu finden eine warme Wohnung.

**Lied**  Komm, wir teilen! (1. Strophe, vgl. S. **154**)

**Bettler**
Will niemand öffnen mir die Türen? Muss ich am Ende hier erfrieren?
Seit Tagen schon kein Bissen Brot! So nah dem Tod schickt man mich fort!

**Erzähler**

Raum gab's genug in jedem Haus. Die Öfen gingen nachts nicht aus.
Zu essen stand auf jedem Tisch genügend Brot, Wurst, Fleisch und Fisch.

**Bettler**

Warum sieht niemand meine Not, gönnt niemand mir ein Stückchen Brot?
Was hab ich euch denn nur getan, dass ihr verstoßt mich alten Mann?

**Erzähler**

Dann versagten seine Beine. Er fiel zu Boden auf die Steine.

**Bettler**

Ich kann nicht mehr! Es geht zu Ende, guter Gott, nimm meine Hände!

**Lied** Komm, wir teilen! (2. Strophe)

**Erzähler**

Wer reitet da auf hohem Ross, der fühlt sich stark, der fühlt sich groß.
Der macht es sich daheim gemütlich und hat für Bettler nicht viel übrig.
Der Reiter Martin naht dem Tor. Der Wächter hört ihn, schaut hervor.

**Wächter**

Ach so! Ein Römer-Offizier. Da muss ich öffnen rasch die Tür!

**Erzähler**

Hü! Martin jetzt die Zügel zieht. Ja, er glaubt kaum, was er da sieht:
Zwei Hände suchen ringend Halt, ein Mensch hockt da im Schnee, eiskalt!
Als sich öffnet nun das Tor, zieht Martin rasch sein Schwert hervor.
Er zieht sich seinen Mantel aus und schneidet stracks zwei Hälften d'raus.
Die warme Hälfte von dem Mantel reicht er kurzerhand dem Alten.

**Martin**

Die andere reicht für mich noch aus. Komm, armer Mann, ins warme Haus!

**Erzähler**

Der Wächter, der das staunend sieht, ist offensichtlich sehr verwirrt.
Er kann es immer noch nicht fassen:

**Wächter**

Wie, dürfen wir den doch reinlassen?

**Sprecher 1**

So alt, so neu ist die Begegnung von Arm und Reich in der Erzählung.
Drum steckt nun eure Lampen an, damit es jeder sehen kann:
Martin hat ein offnes Herz für Armut, Elend, Not und Schmerz!
Des Armen nahm sich Martin an, drum stimmt ein Lied für Martin an!

### St. Martins-Lied   Komm, wir teilen

Siehst Du ihn nicht, den al - ten Mann, der kaum noch
Der Weg war lang, der Weg war schwer, die Bei - ne

lau - fen kann? Mein Gott, er - bar - me Dich! Dich!
woll'n nicht mehr!

Die Nacht ist kalt, der Bo - den hart, ganz weiß ver -
Der Hun - ger quält den Al - ten sehr, zu es - sen

schneit sein Bart! Mein Gott, er - bar - me Dich! Er - bar - me Dich!
gibt's nichts mehr!

Kehrvers

Komm, wir tei - len, komm, wir tei - len un - sern Man - tel,

un - ser Brot! so wie Mar - tin gu - ter Gott!

2. Der alte Mann hockt stumm am Rand, hält flehend auf die Hand:
   Mein Gott, erbarme dich!
   Hilft niemand ihm in seiner Not? Der Arme friert sich tot!
   Mein Gott, erbarme dich!
   Da naht heran ein Reitersmann. Hält er beim Bettler an?
   Mein Gott, erbarme dich!
   Halt an, mein Herr, Soldat bleib stehn! Willst du mich übersehn?
   Mein Gott, erbarme dich! Erbarme dich! *KV*

3. Der Reiter Martin sieht den Mann und schaut ihn fragend an.
   Mein Gott, erbarme dich!
   Rasch zügelt Martin dann sein Pferd, die Hand ergreift das Schwert.
   Mein Gott, erbarme dich!
   Er teilt mit einem scharfen Schnitt den Mantel in der Mitt'.
   Mein Gott, erbarme dich!
   Er gibt dem Mann das halbe Stück. Als Dank ein froher Blick.
   Mein Gott, erbarme dich! Erbarme dich! *KV*

T. u. M.: Wolfgang Gies © beim Autor

- Das Leben Martins in Bildern gestalten

  **Varianten**

- Zu jedem Abschnitt der Geschichte malen Kinder Bildmotive. Die Texte können kopiert, ausgeschnitten und zum jeweiligen Bild geklebt werden.
- Es kann ein großes Leporello daraus werden: Jedes Doppelfeld ausschneiden, alle zu einem langen Band aneinander kleben und falten;
- oder an der Senkrechten gefalzt nach hinten zusammenkleben, dann entsteht eine Bild- und eine Textseite, die zu einem Leporello gefaltet wird;
- oder ein Domino-Spiel: Je ein Doppelfeld wird ein Dominostein, die Steine müssen in der richtigen Reihenfolge angelegt werden;
- oder ein Memory: Bild und Text bilden jeweils ein zu suchendes Paar.

| Bild 1: | Martin wächst unter Soldaten auf. Schon mit 18 Jahren muss er selbst Soldat des Kaisers von Rom werden. Er hört von Christen wunderbare Geschichten über Jesus. Martin will mehr von Jesus erfahren. |
|---|---|
| Bild 2: | »Liebt eure Feinde, tut Gutes denen, die euch hassen!«, hat Jesus gesagt. An diesen Satz muss Martin denken, wenn er als Soldat in den Kampf zieht. Darf man Menschen mit dem Schwert bedrohen und töten? |
| Bild 3: | Eines Abends sieht Martin am Weg einen alten Mann im Schnee hocken. Leblos starrt der ihn an. »Mein Gott! Der arme Kerl friert sich ja zu Tode in seinen zerschlissenen Lumpen!« |
| Bild 4: | Martin reißt sich den Mantel von der Schulter und teilt ihn mit dem Schwert mittendurch. »Da, nimm!« Er reicht eine Hälfte dem Bettler. |

8. Die treibende Kraft der Liebe

| | |
|---|---|
| Bild 5: | In der Nacht schreckt Martin aus einem Traum auf: Der Bettler erschein ihm wie Jesus: »Was du dem Nächsten, dem Bettler, getan hast, das hast du mir getan!« |
| Bild 6: | Martin tritt aus dem Kriegsdienst des römischen Kaisers aus und stellt sich ganz in Gottes Dienst. |
| Bild 7: | Martin lässt sich taufen auf Jesu Namen und wird Christ. Er geht zu den Armen vor den Toren der Stadt und hilft ihnen, wo er nur kann. |
| Bild 8: | Martin wird zum Priester geweiht und gründet eine Klosterbruderschaft. Er erzählt allen von Gottes großer Liebe zu den Menschen. |
| Bild 9: | Als der Bischof von Tours stirbt, rufen die Armen Martin zum Bischof aus. Sie wissen: Martin wird als Bischof für Gerechtigkeit eintreten, denn er weiß um unsere Nöte und die Liebe Gottes. |
| Bild 10: | Martin stirbt im Jahr 397. Doch die Menschen vergessen ihn nicht. Wir feiern ihn am 11. November, dem Tag seiner Beerdigung. |

- **Mini-Kino**

Aus einem Karton wird an der Breitseite eine (kleiner als DIN-A4) Fläche ausgeschnitten, so dass eine Art Fernseher-Attrappe entsteht. In die Kiste wird eine kleine Lampe gestellt (Neon-Kaltlicht wegen der Hitzeentwicklung). Die Bilder der Kinder werden in Sichthüllen gesteckt und dann abwechselnd an Büroklammern hinter die Kartonöffnung gehängt als Bilderkino zur Martinsgeschichte.

- **Stabpuppen**

Statt der gemalten Bilder können natürlich auch kleine Stabpuppen gestaltet und an Hölzern von oben geführt werden. Der Fernseher wird zur Puppenbühne.

- **Guckkasten**

Einen Karton wie eine kleine Bühne aufstellen. In den Karton werden ausgeschnittene Pappfiguren zu einem Bühnenbild geklebt und ggf. mit Teelichtern beleuchtet. Mögliche Motive: Mantelteilung, Samariter-Geschichte oder passend zu den Strophen eines Martin-Liedes. Auch Bilder aus Entwicklungsländern (Misereor) oder Notsituationen heute sind denkbar.

- **Martinsmantel**

Ein rotes Tuch in der Kreismitte wird zum Martinsmantel. Darauf schreiben/malen wir mit Wachsstiften: »Was wir zum Leben brauchen«, »Was wir teilen können«. Beim Martinsspiel wird er zum Requisit und von Martin geteilt. Am Ende wird das Manteltuch zum Wandbehang (Hungertuch) oder jeder bekommt ein kleines Mantelstück davon abgeschnitten als »Reliquie«.

- **Jeder schickt ihn fort**

Ein Spiel kann die Erfahrung des Ausgestoßenen bewusst machen. Im Kreis geht der »Bettler« von einem zum andern und versucht, auf den Knien eines anderen Platz zu finden. Doch jeder schiebt ihn (vorsichtig!) von sich fort. Nur einer aus dem Kreis, vorher heimlich bestimmt, lässt ihn am Ende bei sich ausruhen. Aussprache als Sprechsteinrunde, beginnend beim »Opfer«: Wie ist das, wenn du überall abgewiesen wirst, auch wenn es nur im Spiel ist? Wie fühlst du dich, wenn du Macht hast, einen abblitzen zu lassen? Die Übertragung in die Lebenswirklichkeit kann danach angesprochen werden.

- **Laternen basteln**

In unterschiedlichsten Techniken mit Motiven zu Martinslegenden, Symbolen der Nächstenliebe oder des Teilens.

### Varianten

Eine Papiertüte mit Transparentpapier überkleben oder bemalen. Ggf. Lichtdurchgänge vorher ausschneiden. Oder ein Bild laminieren und zu einer Laterne rollen und zusammentackern. Nur für Batterie-Licht geeignet.

Transparentpapier in Streifen reißen, in Kleister tauchen und kreuzweise um einen Luftballon in Schichten legen. Blumendrahtbügel nicht vergessen! Nach dem Trocknen wird der Ballon entfernt.

Aus Tonpapier einen Quader falten oder Tonpapier zu einer Rolle um einen runden Papprahmen (z. B. Käsedose) kleben. Motive ausschneiden und von innen transparent bekleben.

Aus gefalzten Pappstreifen einen Rahmen bauen, freie Flächen mit bemaltem Pergamentpapier füllen oder Deckel und Boden einer Käsedose als Rahmen für eine Pergamentpapier-Laterne nutzen.

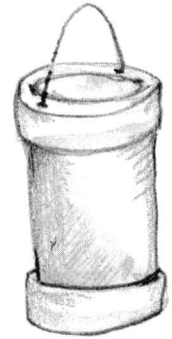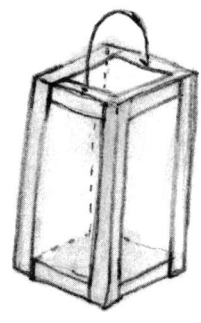

- **Martinsbrezel backen**

In einem alten Rezept aus dem Jahr 1521 heißt es: »Nimm ein schönes Mehl, lauter Eyerdotter und ein wenig Wein, Zucker und Aniß. Mach einen Teig damit an, walg ihn fein länglicht und rundt mit saubern Händen und mach kleine Brezel daraus, schiebs in ein warm Ofen und backs, dass du es nit verbrennst«.

- **Martinsbrezel teilen**

Wir backen eine Riesenbrezel und teilen sie möglichst gerecht miteinander. Sinnvoll kann auch sein, eine solche Gruppenbrezel zunächst ungerecht zu verteilen: 2/3 der Brezel bekommt 1/3 der Gruppe (die »Reichen«), der Rest bleibt für 2/3 der Teilnehmer (die »Armen«) analog zur Güterteilung in der Welt. Eine Aussprache dazu ist natürlich wichtig!

## 8.2 Elisabeth von Thüringen

*Name: Gott ist Fülle*
*Landgräfin*
*\* 1207 in Sárospatak im Norden von Ungarn (?)*
*† 17. November 1231 in Marburg in Hessen*
*Attribute: Korb mit Rosen und Broten, Bettler*
*Patronin u. a. von Thüringen, Hessen, der Caritas*

**November**
**(in Deutschland)**

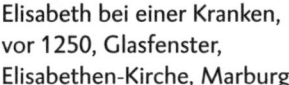

Elisabeth bei einer Kranken,
vor 1250, Glasfenster,
Elisabethen-Kirche, Marburg

Elisabeth war die Tochter von König Andreas II. von Ungarn. Ihre Lebensstationen sind schnell erzählt. Groß wurde sie auf der Wartburg. Mit 14 Jahren heiratete sie Luwig IV., Landgraf in Thüringen. Aus der glücklichen Ehe gingen drei Kinder hervor. 1225 ließ sie sich von den ersten Franziskanermönchen in Eisenach begeistern. Sie kümmerte sich fortan wie Franziskus um Bedürftige, besuchte Armenviertel und verschenkte immer mehr von dem fürstlichen Reichtum, in dem sie lebte. »Wie kann ich ein hübsches Kleid tragen, wenn ich Jesus mit der Dornenkrone vor Augen habe?«, so sagte sie. Ihr Mann hatte großes Verständnis für Elisabeth. Doch bei Hofe wurde sie deswegen immer wieder zur Rede gestellt. Legenden erzählen wundersame Erfahrungen, die ihre Ausdauer und Widerstandskraft gegen die Anfeindungen umschreiben. Als ihr Mann starb, schlug sie das Erbe zunächst aus. Sie wollte leben wie Franz von Assisi, ging betteln und verzichtete auf alle Privilegien. Doch 1229 errichtete sie mit ihrem Erbe in Marburg ein Krankenhaus und benannte es nach Franziskus. Dort opferte sie sich für die Kranken als Pflegerin bis zum Umfallen auf. Sie wurde 24 Jahre alt. Ihr Glaubenszeugnis hat eine nachhaltige Wirkung bis in unsere Zeit. Was trieb sie an, aus ihrer Luxuswelt auszusteigen und sich herabzulassen in die Armut und Not des einfachen Volkes? Zweifellos war es die große Herausforderung des Evangeliums Jesu, wie es Franziskus und seine Anhänger predigten und lebten und wie wir es in der Bergpredigt nachlesen können. Elisabeth bleibt uns als »eine der zartesten, innigsten und liebenswertesten« Heiligen des Mittelalters in Erinnerung.

## Ideenbaum zur Elisabeth-Verehrung

• **Geschichten hören**

Wir hören eine typisierte Erzählung, die die entscheidende Le-
bensphase Elisabeths darstellt. Parallelen mit Franziskus, Martin
und engagierten Aussteigern aus der Gesellschaft heute sind herauszuhören und
lassen nach der Kraft fragen, die Menschen über sich hinaus wachsen ließ, aber
auch, warum es meist nur Einzelne waren, die das große Rad der Geschichte in
Richtung Solidarität und Menschlichkeit zu drehen versuchten.

### Der Schatz der Königin (Erzählvorlage)

»Verkauft all eure Habe und gebt den Erlös den Armen! Macht euch Geldbeutel, die
nicht zerreißen. Verschafft euch einen Schatz, der nicht abnimmt, droben im Himmel, wo kein Dieb ihn findet und keine Motte ihn frisst. Denn wo euer Schatz ist,
da ist auch euer Herz!« (Lukas 12,33–34)
Nachdenklich kam Elisabeth an diesem Morgen aus dem Gottesdienst. Sie trug ihr
Festtagskleid, wie es sich für sie als Königin am Feiertag gebührte. Ihr Mann hatte
zu einem großen Festgelage zu Ehren ihres Geburtstages die Großen des ganzen
Reiches geladen. Nur das Beste aus der Küche durfte auf den Tisch, erlesene Weine
und üppige Speisen waren bereitgestellt. Herolde waren übers Land geritten und
hatten den Bauern die fettesten Tiere und letzten Erntevorräte abverlangt. Und da
es ohnehin ein Hungerjahr für sie gewesen war, gaben sie nur unter Androhung
schwerster Strafen, was von ihnen verlangt wurde, soweit sich bei ihnen denn
überhaupt noch etwas fand. Wenn der Königshof etwas brauchte, bediente er sich
eben bei den Bauern auf seinem Hoheitsgebiet nach eigenem Gutdünken, so war
das seit eh und je. Die Bauernfamilien waren Leibeigene, das heißt, sie gehörten
mit Leib und Leben dem Landesherrn, waren auf Gedeih und Verderb von ihm
abhängig, mussten ihm in allem gehorchen und Abgaben leisten.
In der Kirche war das Evangelium verlesen worden: »Verkauft all eure Habe, gebt
den Erlös den Armen …« Wie passte das zusammen mit ihrer königlichen Pracht?
Wie konnte sie das Pochen überhören, das Tag und Nacht an den Toren ihres
Schlosses zu hören war, das Pochen verzweifelter, hungernder und ausgemergelter
Frauen und Kinder? Heimlich war sie schon mehrmals verkleidet in das kleine
Städtchen am Fuße des Schlossberges hinabgestiegen, hatte sich unerkannt umge-
schaut und umgehört. Aufgewühlt kam sie nach solchen Ausflügen jedes Mal in
die Burg zurück, überwältigt von dem Elend und der Not der Landeskinder, der sie
überall dort unten begegnet war. »Verschafft euch einen Schatz, der nicht ab-

nimmt, droben im Himmel, wo kein Dieb ihn findet und keine Motte ihn frisst!«
Immer wieder kreisten ihre Gedanken um das Schriftwort.

Als sie schließlich den Festsaal betrat und die überreich gedeckten Tafeln erblickte, da klopfte ihr Herz bis zum Hals: »Nein«, sagte sie, »keinen Bissen kriege ich runter von all den reichen, fetten Speisen: Ich kann mich nicht an diesen Tisch setzen und mit all den Prassern und Übersatten schlemmen. Ich weiß doch, wie bitter die Armut schmeckt gleich hinter diesen dicken, schützenden Burgmauern. Ich habe sie mit meinen eigenen Augen gesehen: hungernde Kinder, bettelnde Frauen, Alte und Kranke, abgearbeitete Väter und Mütter!«

Ihr Mann erschrak, als er Elisabeth so fest entschlossen vor sich stehen sah: »Elisabeth, mach doch nicht hier und jetzt an deinem Geburtstag so einen Aufstand! Ich hatte dir verboten, in die Stadt zu gehen. Du siehst jetzt, wozu das führt, wenn du dich da unten einmischst. Das ist eine andere Welt, das ist nicht deine, nicht unsere Welt! Komm, setz dich an meine Seite, deine Gäste sind schon ganz ungeduldig. Blamier mich bitte nicht mit deinem Auftritt! Ausgerechnet heute, an deinem Geburtstag!«

Doch Elisabeth wollte nichts davon wissen: »Wenn ihr das verantworten wollt, dann greift zu und esst euch satt und rund. Ich werde nur mit euch essen, wenn auch die mit zu Tische sitzen, von denen ihr genommen habt, die dafür schwer gearbeitet haben. Ja, das ist mein größter, mein einziger Geburtstagswunsch: Öffnet die Tore und Türen des Schlosses! Alle, die hungrig sind, sollen eintreten und mit mir Festmahl halten dürfen! Denn das ist der Wille des Herrn: Verschafft euch einen Schatz, der nicht abnimmt! Da droben! Nehmt meinetwegen all die Goldgeschenke meiner Gäste und bezahlt die Kosten für das Essen damit. Ich möchte feiern können, und das kann ich nur, wenn die dabei sein können, die mir am Herzen liegen! Sonst werde ich meines Lebens nicht mehr froh!«

So stelle ich mir diese Begebenheit im Leben der Elisabeth vor, von der eine alte Überlieferung erzählt. Die junge Königin verzichtete tatsächlich auf all ihren Reichtum und kümmerte sich um die Menschen, die ihr am Herzen lagen. Sie baute ein Krankenhaus und umsorgte Kranke und Sterbende. Sie richtete in Marburg eine Küche ein, in der für Hungernde gekocht und Essen verteilt wurde. Auch die Angst vor Ansteckung hielt sie nicht zurück, für Menschen da zu sein, die ihre Nähe brauchten. Als sie selbst schwer krank wurde und in jungen Jahren starb, ist der Kaiser selbst barfuß hinter ihrem Sarg her gegangen, um ihr Leben zu würdigen und zu ehren: Ihr Schatz war da, wo auch ihr Herz war: bei Gott.

### Das Rosenwunder

Bekannt ist das »Rosenwunder«. Auch wenn dieses Wunder ursprünglich auf Elisabeth von Portugal zurückgeht, ist es doch typisch auch für die Landgräfin aus Thüringen:

Eines Tages geht Elisabeth wieder einmal barfuß den steilen Weg von der Burg hinab ins Tal zu den Bedürftigen. Wer würde in dieser armseligen Gestalt eine adelige Frau vermuten, die Landesfürstin gar? Unter ihrem verschlissenen Umhang trägt sie einen großen, schweren Korb. Immer wieder war sie angefeindet und gerügt worden, weil sie die wertvollen Güter und Schätze des Fürsten einfach unter die armen Leute verteilte: »Wie kann sich eine Frau von so hohem Stande nur so ein Blöße geben und sich unter das einfache Volk mischen?« Doch Elisabeth lässt sich nicht beirren. Jesus hat sogar sein Leben hingegeben für die Bedürftigen! Das bekräftigt sie in ihrem Handeln. Plötzlich steht ihr Mann vor ihr: »Elisabeth! Du willst doch nicht schon wieder unsere ganze Vorratskammer räumen?«, fragt er mahnend. Auch wenn er Elisabeths Großmut versteht, so sorgt er sich doch auch um das Vermögen, das ihm als Landesherr anvertraut ist. »Was schleppst du denn diesmal wieder aus unserem Haus?« Elisabeth erschrickt im ersten Augenblick und murmelt verlegen: »Alles Rosen der Liebe!«

Heinrich zweifelt und öffnet ihren Umhang, der den Korb verdeckt. Doch als er Elisabeth in die Augen blickt, sieht auch er die Rosen der Liebe.

*(Nach einer alten Legende)*

### Kornwunder

Legenden erzählen, wie Elisabeth sich gegen die Anfeindungen behauptet und ihre Zuwendung zu den Armen und Bedürftigen durchhält. Als ihr Mann mit dem Vorwurf, sie würde einen Aussätzigen in ihrer Kammer pflegen, an ihr Bett trat, erschien der Gekreuzigte darin. Im Hungerjahr 1226 ließ sie alles verfügbare Korn austeilen und nahm auch Geld aus der Staatskasse, um Menschen vor dem Hungertod zu bewahren. Als man Elizabeth zur Rechenschaft ziehen wollte, füllten sich alle Kammern des Hofes wieder mit Korn.

- **Internet-Link:**
Eine interessante Internet-Seite hat die Elisabeth-Kirche in Marburg gestaltet mit Informationen zu Elisabeth, zur Kirche und zur Gemeinde.
http://www.elisabethkirche.de/

- Eine andere Geschichte von einem wunderbaren Korb

### Die Geschichte vom Korb mit den wunderbaren Sachen

Es war einmal ein Hirte. Der hütete eine große Rinderherde. Der Mann führte seine Kühe immer auf die besten Weiden, denn er liebte sie über alles. Wenn er am Abend zufrieden sah, wie sie friedlich im Gras lagen, freute er sich schon auf den Morgen: »Sie werden reichlich Milch geben!«
Als er eines Tages wie gewohnt seine Kühe melken wollte, waren ihre Euter schlaff und leer. Hat es ihnen an Futter gefehlt? Besorgt suchte er eine noch saftigere Wiese, wo seine Kühe sich satt fraßen. Trotzdem: Am Morgen waren die Euter wieder schlaff und leer. Er trieb sie zum dritten Mal auf eine neue Weide, doch auch diesmal gaben sie keine Milch.
Jetzt legte er sich auf die Lauer. Er wollte wissen, was los war mit seinen Tieren. Die ganze Nacht beobachtete er das Vieh. Um Mitternacht sah er, wie sich plötzlich eine Strickleiter von den Sternen heruntersenkte. Er traute seinen Augen nicht: Wie mit Engelsflügeln schwebten junge Frauen aus den Wolken herab. Sie lachten sich zu, gingen zu den Kühen und melkten sie.
Als er aufsprang, um sie zu fangen, flohen sie hinauf zum Himmel. Doch es gelang ihm, eine von ihnen zu erwischen. Es war wohl die schönste von allen. Sie musste ihm folgen, und sie wurde seine Frau.
Täglich ging sie nun mit auf das Feld und arbeitete für ihn, während er das Vieh hütete. Sie waren rundum glücklich. Die fleißige Arbeit machte sie reich. Eines aber quälte den Hirten: Damals, als er seine Frau gefangen hatte, hatte sie einen Korb bei sich. »Niemals darfst du in diesen Korb schauen!«, hatte sie ihn gewarnt. »Wenn du es tust, wird uns Unheil treffen.«
Je länger sein Versprechen währte, umso neugieriger machte es ihn. Als er einmal allein zu Hause war, schlich er in ihr Zimmer und fand den Korb unter ihrem Bett. Neugierig zog er das Tuch vom Korb. Dann hörte man ihn laut lachen.
Als seine Frau nach Hause kam, wusste sie sofort, dass er sein Versprechen gebrochen hatte. Traurig sah sie ihm in die Augen. Dann sagte sie weinend: »Warum musstest du in den Korb schauen?« Der Mann aber lachte immer noch und sagte: »Du dumme Frau, was soll das heimliche Getue um diesen Korb? Da ist doch gar nichts drin, der ist ja ganz leer!« Aber noch während er dies sagte, ging sie von ihm fort und wurde nie wieder gesehen.
Weißt du, warum sie fortging? Nicht, weil er sein Versprechen gebrochen hatte. Sie verließ ihn, weil er die schönen Sachen, die sie für ihn aus dem Himmel mitgebracht hatte, nicht sehen konnte, und darüber sogar noch lachen musste.
*(Nach einer alten Überlieferung)*

- Liedidee   Wenn das Brot, das wir teilen (TfG 193)

- **Gestaltungsidee zum Rosenwunder**

Das Schnittmuster wird auf roten Tonkarton übertragen und an den Außenlinien bis zur gestrichelten Linie aus- bzw. eingeschnitten. Auf das Feld in der Mitte oder auf die Blütenblätter (z. B. je einen Buchstaben) können Kinder ein Symbol malen oder der Rose einen Namen geben: Welche Rosen lagen Elisabeth am Herzen? (Liebe, Mitleid, Freude, Hoffnung, Mitgefühl, Teilen, Fürsorge, Brot usw.) Dann werden die Blütenblätter einzeln zur Mitte hin geknickt und zusammengefaltet. Legt man anschließend in einer kleinen Andacht die geschlossenen Blüten auf eine Wasserschale, öffnen sich die Blüten durch das Wasser, das vom Papier aufgesaugt wird, und geben ihr Geheimnis preis.

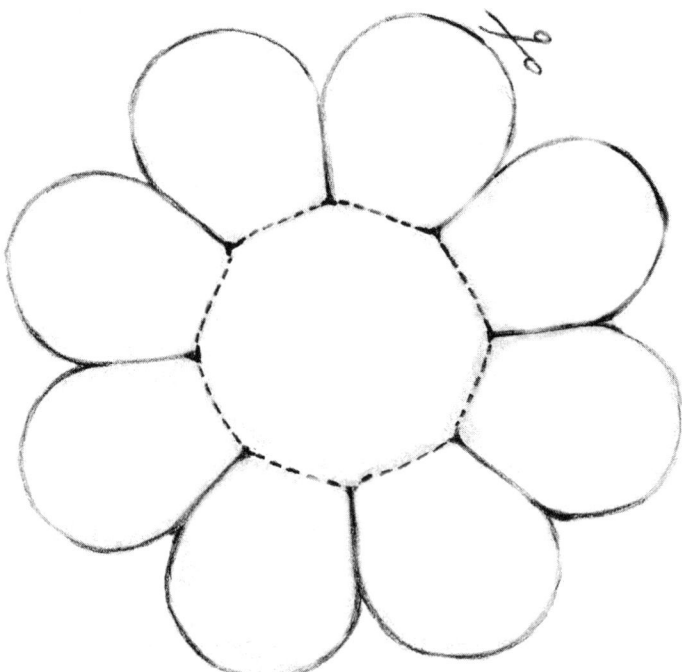

## 8.3 Barbara

**Dezember**

*Name: die Fremde*
*Märtyrerin, Nothelferin*
*\* Ende des 3. Jahrhunderts in Nikomedia, heute Izmit in der*
*Türkei, oder in Heliopolis, heute Baalbek im Libanon*
*† 306 (?) in Nikomedia*
*Attribute: Turm mit drei Fenstern, Kelch und Hostie*
*Patronin u. a. der Bergleute, Feuerwehrleute, der Mädchen,*
*Gefangenen, Sterbenden*

Russische Ikone, 15. Jh., Tver

Barbara zählt zu den bekanntesten Heiligen. Volksbräuche belegen die lange Tradition ihrer Verehrung. »Barbarazweige« von Kirschbäumen werden an ihrem Gedenktag ins Wasser gestellt, damit sie am Weihnachtsfest blühen. Das verweist wohl auf Barbaras Gefangenschaft im Turm, in den sie ihr Vater eingesperrt hatte, um sie vom Christenglauben abzuhalten. Kurz vor ihrem Märtyrertod fand sie Hoffnung darin, dass ein vertrockneter Zweig in ihrer Zelle wieder aufblühte. Darin spiegelt sich auch die Auseinandersetzung Barbaras mit den heidnischen Gottheiten damals wider. Denn es war ursprünglich ein Orakelbrauch, beim Viehabtrieb solche Zweige mit in die Wohnung zu nehmen, um aus der Anzahl der Blüten auf die Fruchtbarkeit des kommenden Jahres zu schließen. Aufblühende Zweige verweisen für Christen eindeutig auf Jesus, den »Spross aus der Wurzel Jesse«: Wie die Knospe die enge Hülle öffnet, so eröffnet sich dem Gläubigen neues Leben durch die Geburt Jesu.

»Barbaralicht« heißt die schützende Grubenlampe der Bergleute, deren Patronin Barbara ist. Barbara wird oft mit Blitz und Unwetter in Verbindung gebracht, weil ihr Vater der Legende nach bei ihrer Enthauptung vom Blitz getroffen wurde. Wenn es auch wenig gesicherte historische Quellen gibt, so wissen Legenden von Barbaras Schönheit und ihrer Klugheit zu erzählen, aber auch von ihrem starken Glauben bis zum grausamen Martyrium.

## Ideenbaum zum Turm

• **Der Turm**

Vor langer, langer Zeit gehörte Nikomedien, das sich heute Izmit nennt, zum römischen Reich. Damals lebte ein wohlhabender Kaufmann in Nikomedien. Er handelte mit wertvollen Stoffen und musste weite Reisen unternehmen. Die Frau des Kaufmanns starb sehr früh. Sie hinterließ ihm eine Tochter, an der er mit zärtlicher Liebe hing. »Ich will gut Acht geben auf mein Kind«, versprach er den Göttern. »Es soll sich bei mir glücklich fühlen und unbeschwert leben.«

Die Tochter des Kaufmanns wuchs heran. Aus dem Mädchen, das Barbara hieß, wurde eine junge, schöne Frau. Das erfüllte ihren Vater mit Stolz, aber auch mit Sorge. Misstrauisch beobachtete er die Männer, die Barbara auf der Straße bewundernde Blicke zuwarfen. Immer häufiger kam es vor, dass ihn dann ein jäher Schmerz durchfuhr. »Sie ist meine Tochter«, dachte er in solchen Augenblicken, »sie gehört mir und keinem anderen.«

Deshalb war er froh, als Barbara eines Tages mit einem Wunsch an ihn herantrat. »Unser Haus ist fast so groß wie der Palast des kaiserlichen Statthalters«, sagte sie. »Die leeren Zimmer in diesem Haus bedrücken mich. Auch der Turm steht unbewohnt. Lass mich unter sein Dach ziehen.« Barbara schwieg einen Augenblick. Dann fügte sie leise hinzu: »Dort oben ist der Lärm der Stadt erträglicher als hier unten, und ich bin dem Himmel ein Stück näher.«

Während sie noch redete, hatte der Kaufmann bereits die Dienerschaft herbeigewunken. Je länger er über den Wunsch von Barbara nachdachte, umso besser gefiel er ihm. Hinter den dicken Mauern des Turmes war seine Tochter sicher vor allen Gefahren der Welt. Niemand konnte ihr dann schöne Augen machen, und niemand käme auf den Gedanken, sie zu entführen.

Ohne Zögern ließ der Kaufmann die halb verfallenen Gemächer herrichten. Als es soweit war, bezog Barbara ihre neue Heimat. Stundenlang stand sie an den beiden Fenstern des Turmes, die sich nach Westen öffneten. Ihr Blick ging weit über die Stadt und das umliegende Land. Sie sah den Wolken zu, die immerfort in Bewegung waren, und sie wurde, obwohl sie sich dagegen wehrte, jeden Abend traurig, wenn die Sonne von ihr Abschied nahm.

Eines Tages musste der Kaufmann zu einer Handelsreise aufbrechen. Er wusste, dass viele Monate vergehen würden, bis er wieder heimkehrte. Deshalb wandte er sich an seine Tochter und bat sie: »Bleib bitte im Turm, solange ich nicht da bin. Das Gesinde wird sich um dich kümmern. Während meiner Abwesenheit bist du gut versorgt.« So war es auch. Barbara genoss das ruhige, gleichmäßige Leben im

Turm. Sie konnte ungestört nachdenken. Wenn sie aber das Bedürfnis nach Geselligkeit hatte, rief sie die Diener und unterhielt sich mit ihnen.

Ohne es zu merken, wuchs dabei ihre Neugierde. Barbara begann sich für die Welt außerhalb des Turmes zu interessieren. Sie wollte die Ängste und Sorgen, die Wünsche und Hoffnungen der Menschen kennenlernen. Bald entdeckte sie, dass ihre Diener einem fremden Meister anhingen: Jesus – so nannten sie ihn voll Zärtlichkeit. Er war wie ein Freund für sie, obwohl er doch mit seinem göttlichen Vater über Himmel und Erde herrschte. Sobald die Diener von ihrem Glauben erzählten, senkten sie die Stimmen und begannen zu flüstern, denn wer sich zu Jesus bekannte, musste dafür grausame Strafen erleiden.

Barbara spürte, dass die Anhänger des neuen Glaubens trotzdem glücklich lebten. Die Schrecken der Welt schienen ihnen nichts anzuhaben, auch nicht die Verfolgungen, vor denen niemand sicher sein konnte. »Wir vertrauen auf den heiligen Geist. Er schenkt uns Kraft«, sagten sie manchmal, wenn Barbara nach ihrem Geheimnis fragte. Immer stärker zog es sie zu den Christen hin. Schließlich wurde sie in den Kreis der Eingeweihten aufgenommen.

Am Tag ihrer Taufe bestellte Barbara einen Handwerker, der ein drittes Fenster in den Turm brechen musste. Dieses Fenster ging nach Osten. Jetzt flutete das Licht schon am Morgen in ihr Zimmer und machte es so hell, dass kein Schatten, keine dunkle Ecke blieb. Wie ein Versprechen erschien Barbara die aufgehende Sonne. Sie dachte daran, dass auch Jesus mit dieser Sonne verglichen wurde, weil er die Nacht des Todes besiegt und an einem Ostermorgen in Jerusalem auferstanden war.

Nach langer, sehr langer Zeit kam ihr Vater von seiner Reise zurück. Er freute sich, dass er Barbara endlich wiedersehen durfte und schlug sofort den Weg zum Turm ein. Als er das Zimmer seiner Tochter betrat, bedeckte er die Augen, so stark schien die Sonne durch das dritte Fenster. »Was hast du gemacht?«, rief er verwundert. »Wozu brauchst du dieses Fenster?«

Obwohl Barbara auf die Frage vorbereitet war, schien es ihr, als würde sie mit einer fremden Stimme antworten, und sie erschrak über ihren Mut. »Ich habe unseren Göttern abgeschworen. Vor dir steht eine Christin«, sagte sie leise. »Diese Fenster erinnern mich jeden Tag an meinen Vater im Himmel, seinen Sohn Jesus Christus und den heiligen Geist. Deshalb die Dreizahl.« »Deshalb die Dreizahl«, wiederholte ihr Vater. Für einen Augenblick war er gelähmt vor Überraschung. Sie hat sich einen anderen Vater gewählt, dachte er dann. Dieser Christengott drängt sich zwischen mich und meine Tochter! Plötzlich erfasste ihn ein Zorn, der wie eine Flamme in die Höhe schoss.

»Willst du mich unglücklich machen«, herrschte er seine Tochter an. »In Rom werden die Christen den wilden Tieren vorgeworfen. Überall verfolgt man sie. Hast du keine Angst, dass es dir ähnlich ergehen könnte?« Als sie den Kopf schüttelte, verlor er engültig die Fassung. Er begann so heftig zu schreien und zu toben, dass ihn seine Diener festhalten mussten.

Barbara nutzte die Verwirrung und floh. Nur mir der nötigsten Habe ausgerüstet, verließ sie die Stadt. Vor den Mauern wurde das Land unübersichtlich. Sie bahnte sich einen Weg durch wildes Gestrüpp und Disteln, bis sie am Ende eines Felsentales eine schmale Spalte entdeckte. Dort verbarg sie sich, während ihr Vater mit Hunden nach ihr suchen ließ. Aber es war, als hätten sich die Felsen hinter Barbara geschlossen.

Am anderen Tag verließ sie ihre Höhle und wanderte über die Berge, wo sie einen Hirten traf. Flehentlich bat sie ihn, alle Verfolger von ihr abzulenken und in eine falsche Richtung zu schicken. Barbara hatte freilich nicht an die Goldstücke des Vaters gedacht.

Ihr Glanz blendete den Hirten und weckte seine Gier. Als er die Flüchtende verriet, wurde er zur Strafe in einen Stein verwandelt. Seine Herde aber flog wie ein Heuschreckenschwarm von der Weide auf. So jedenfalls erzählen es die alten Geschichten.

Längst war die Liebe des Vaters einem tödlichen Hass gewichen. Ich will nicht, dass meine Tochter dem Christengott gehört, dachte der Kaufmann. Er konnte nichts anderes mehr denken. Darum ließ er Barbara, kaum hatte er sie gefunden, in Ketten legen. So zerrte er sie vor den Statthalter des Kaisers. Dieser fühlte Mitleid mit dem Mädchen, dessen Schönheit ihn tief beeindruckte. »Wenn du unseren Göttern opferst«, sagte er, »gebe ich dir die Freiheit zurück.« – »Was für eine Freiheit?«, antwortete Barbara und schaute den Statthalter herausfordernd an. »Sag mir doch: Warum soll ich zu Göttern beten, die aus Stein sind? Ihre Augen können nichts sehen, und ihre Ohren können nichts hören.«

»Das ist nicht wahr«, schrie der Statthalter. Für einen Augenblick hatte er daran gedacht, Barbara zur Frau zu nehmen, so begehrenswert war sie ihm erschienen. Aber jetzt glich er dem Kaufmann in seinem Zorn. Er rief die Folterknechte. Sie mussten Barbara auspeitschen, bis diese unter den Schlägen zusammenbrach; dann wurde sie in den Kerker geworfen. Während der Nacht träumte sie von einem tröstenden Licht. Es füllte die Zelle, und eine Stimme sprach zu ihr: »Hab' keine Angst, denn ich bin da.«

*Das Ende der Legende kann je nach Zielgruppe ausgespart, gekürzt, abgeschwächt erzählt oder mit den Kindern gemeinsam überlegt werden, denn nicht die Strafe, sondern die Glaubensstärke soll ja vermittelt werden.*

Am anderen Morgen staunten die Schergen, als sie Barbara aus dem dunklen Verlies holten. Wie durch ein Wunder waren die blutigen Folterspuren auf ihrem

Körper verheilt. Etwas Unnahbares, etwas Unverletzliches ging von ihr aus. Während sie zur Richtstätte geführt wurde, schien sie in Gedanken weit fort zu sein.

Der Statthalter hatte den Befehl gegeben, Barbara nackt auf einen Karren zu binden. Er wollte sie so dem Spott der Zuschauer ausliefern.

Aber zur Verwunderung der Menschen, die sich zwischen den Häusern drängten, stieg plötzlich ein weißer, dichter Nebel auf und hüllte die Gefangene ein.

In den alten Geschichten wird berichtet, der Kaufmann hätte selbst das Schwert gegen seine Tochter gezogen und sie enthauptet. Als er von der Richtstätte nach Hause gekommen sei, habe ein blaues Feuer aus dem Himmel sein Anwesen mit dem Turm in Schutt und Asche gelegt. Auch der Kaufmann sei in diesem Feuer umgekommen.

*(Erich Jooß, in: Ders., Der Meister, der Träume schicken konnte.*
*© Verlag Herder Freiburg im Breisgau 2002, 167–171)*

• **Wie wirkt eine Legende auf uns?**

Kinder kennen durchaus verschiedene Textgattungen. Märchen, Sagen, Fabeln und Legenden haben eine besondere Beziehung zur Wirklichkeit, die sich eher im Blick auf die eigene, innere Betroffenheit beim Zuhören erschließt als durch Formanalysen. Die Wahrheit soll durch die Wirkung im Zuhörer aufleuchten, ihn die Überzeugungskraft spüren lassen, die aus der Lebenshaltung der Heiligen spricht. So wollten Legenden in erster Linie Glaubenszeugnisse sein. Gegenüber ihrer oft übertreibenden Darstellung ist kritische Distanz geboten, damit keine Ängste im Kind entstehen, sondern dass die Glaubenskraft der Heiligen, die auch in schweren Augenblicken Kraft im Glauben an den barmherzigen Gott fanden, in ihm wächst. Ein Gesprächkreis kann die Problematik zur Sprache bringen.

# Impulse zum Nachdenken über die Barbara-Legende

| | | |
|---|---|---|
| Welche Personen kommen in der Legende vor? | Worum dreht sich der Streit zwischen Vater und Tochter? | Wo spielt die Legende? |
| Kannst du die Legende nacherzählen? | Wann spielt die Legende? | Hat die Legende ein gutes oder böses Ende? |
| Was macht uns Angst, wenn wir die Legende hören? | Kann man sich eine Legende einfach nur ausdenken? | Gibt es auch Legenden von heute? |
| Hörst du gerne Legenden? Warum? | Wie findest du die Legende von Barbara? | Was macht uns Hoffnung an der Legende? |
| Was ist merkwürdig an der Legende? | Wie fühlt man sich nach dem Anhören der Legende? | Welche Gedanken löst die Legende in dir aus? |
| Was ist wahr an einer Legende? | Wer hat die Legende wohl zuerst erzählt? | Warum wurden Legenden weitererzählt? |
| Wer hört gerne Legenden? | Was ist das besondere Merkmal einer Legende? | Wieso lässt Gott zu, dass Menschen für ihn leiden müssen? |
| Wie würdest du die Geschichte heute erzählen? | Kennst du eine ähnliche Legende? | Muss man einer Legende alles glauben? |

- **Einen Barbara-Turm bauen**

Die Legende hat wenig Handlungsanteile, dafür aber einen eindeutigen Spielort, den Turm. Ihn nachzugestalten und davor die Szenerie darzustellen ist jedoch nur sinnvoll, wenn nicht die Brutalität zum Ausdruck kommt, unter der Barbara zu Tode kam, sondern ihre Hoffnung auf Leben. Sie drückt sich aus in den drei Fenstern des Turmes, ihrer Taufe und dem Barbarazweig. So kann der Turm auch als Hülle um einen Topf gestellt werden, aus dem dann der Barbarazweig blüht.

- **Kressesamen im Tonturm**

Kressesamen auf feuchter Erde oder Watte beginnt in relativ kurzer Zeit zu wachsen und kann so auf neues Leben hindeuten. Er kann z. B. im Barbaraturm gepflanzt werden, den man aus Töpferton gestaltet und brennt.

- **Der Barbarazweig**

Ein Kirsch-, Apfel- oder Forsythienzweig wird nach einem vorchristlichen Fruchtbarkeitsbrauch am Barbaratag als Hoffnungssymbol auf neues Leben abgeschnitten und in eine Vase gestellt. In der warmen Stube beginnt der Barbarazweig dann – wie sonst erst im Frühjahr – auszuschlagen und zum Weihnachtsfest mit etwas Glück sogar zu blühen. Der gleiche Brauch wird auch in manchen Regionen mit der heiligen Lucia verbunden.

- **Die Rose von Jericho**

Eine Rose von Jericho bekommt man mit etwas Aufwand bei einem Floristen. Sie erzeugt eine ähnliche Wirkung wie der trockene Barbarazweig, nur lässt sie nicht so lange auf sich warten. Die scheinbar vertrocknete, spröde Wüstenpflanze saugt sich augenblicklich voll, wenn man sie in eine Wasserschale legt, so dass sie beobachtbar aufquillt und sich zu entfalten beginnt.

- **Wachstumswunder vergleichen**

In vielen Heiligenlegenden werden solche Wachstumswunder als außergewöhnliches Zeichen der Zuwendung des Schöpfer-Gottes gedeutet, vor allem, wenn eine Pflanze gegen den natürlichen Jahreszyklus blüht. Von der heiligen Rita von Cascia wird ein ähnliches Rosenwunder überliefert. An ihrem Festtag (22. Mai) ist es vor allem bei den Augustinerinnen Brauch, Rita-Rosen zu weihen als Erinnerung an eine Legende, nach der in einer frostigen Winternacht ein Mann auf ihre Bitte eine voll aufgeblühte Rose aus dem Garten gebracht haben soll. Siehe dazu auch das Rosenwunder, das von der heiligen Elisabeth von Thüringen (19. November) überliefert wird, und der Stab des Christophorus, der Blätter trieb (24. Juli). Von der heiligen Dorothea (6. Februar) wird überliefert, dass sie vor ihrem Märtyrertod auf die spottende Bemerkung: »Leb wohl, Braut Christi! Schick mir doch ein paar Äpfel und Rosen aus dem Garten deines Bräutigams!«, fröhlich geantwortet habe: »Das werde ich tun!« Da sei ihr auf dem Weg zur Hinrichtung mitten im Schneegestöber ein Knabe an die Seite getreten, der in einem weißen Tuch drei Äpfel und drei Rosen trug. Diese Begegnung habe später sogar ihren Spötter bekehrt.

Solche Parallelen sollten bewusst aufgedeckt und der symbolische Charakter der Grundmotive von Legenden dadurch deutlich werden. Sie sind auch außerhalb christlicher Erzähltradition anzutreffen.

## 8.4 Nikolaus

Dezember

*Name: der Sieger*
*Metropolit von Myra, Wundertäter*
*\* um 280 in Patara in Lykien, Türkei*
*† um 350 in Myra, Türkei*
*Attribute: Bischofsinsignien, drei Goldkugeln, drei Brote,*
*Äpfel, Steine, Pökelfass mit drei Knaben, Schiff, Steuerrad,*
*Anker*
*Patron: u. a. von Russland, der Kinder, der Ministranten*

Russische Ikone von
Aleksa Petrov, 1294

Nikolaus wurde schon im Alter von 19 Jahren Priester. Seine Eltern starben an der Pest. Das Vermögen, das sie ihm hinterließen, verteilte er an Bedürftige. Nach der Rückkehr von einer Reise ins heilige Land wählte ihn die Gemeinde von Myra zum Bischof. Um ihn ranken viele Legenden. Danach kaufte er Frauen von der Prostitution frei, indem er für eine ausreichende Mitgift sorgte. Andere erzählen von heimlichen Geschenken an Arme. Unschuldig zum Tod Verurteilte rettete er, indem er im Traum dem Kaiser erschien oder selbst dem Henker das Schwert entriss. Er stillte den Sturm und brachte ein Schiff sicher in den Hafen. Als er erfuhr, dass ein Metzger drei junge Landstreicher zu Hackfleisch verarbeitet hatte, erweckte er sie einer anderen Legende nach wieder. Später wird erzählt, dass Nikolaus während einer Hungersnot von jedem vorbeikommenden Schiff Korn erbettelt hat und auf sein Gebet hin bei der Ankunft den Kapitänen dennoch nichts von der Ladung fehlte. Dadurch rettete er seine Gemeinde vor der Hungersnot. So machte er sich offensichtlich einen großen Namen wegen seines Engagements für Gerechtigkeit und als Nothelfer. Er war zudem ein geschickter Diplomat mit einem großen Herzen für die Schwachen und Schwächen der Menschen. Doch die Christenverfolgung ging nicht an ihm vorbei. Um 310 geriet er in Gefangenschaft und wurde gefoltert.

## Ideenbaum zum Nikolaustag

Seitdem die amerikanische Coca-Cola-Werbung den rotweißen Weihnachtsmann kreierte und der kommunistische Osten einst das säkularisierte Väterchen Frost propagierte, dominiert ein verkitschtes Nikolausbild in den Köpfen. Da scheint es sinnvoll, Kindern einen neuen Zugang zum christlichen Nikolaus-Mythos zu eröffnen.

- **Eine Legende hören: Das steinerne Herz**

Ein Kaufmann war sehr reich geworden, konnte aber nie genug bekommen und wollte immer noch mehr verdienen. Als er eines Tages auf Reisen war, erschien ihm ein seltsamer Mann.

»Möchtest du reicher als alle werden?«, fragte er ihn. »Nichts lieber als das!«, sagte der Kaufmann, »Was muss ich dafür tun?« – »Du musst mir dafür dein Herz verschreiben«, sagte er.

Ohne lange nachzudenken tauschte der Kaufmann sein Herz gegen einen harten, kalten Stein. Dann verschwand der seltsame Mann.

In den folgenden Jahren wurde der Kaufmann reicher und reicher, aber auch immer verlassener und einsamer.

Als er eines Tages wieder dorthin kam, wo er sein Herz verloren hatte, begegnete ihm der Bischof Nikolaus. »Warum bist du so traurig?«, fragte er den Kaufmann. Da erzählte ihm der reiche Mann seine Geschichte.

Der Bischof Nikolaus war bekannt für sein gutes Herz. Er tröstete ihn: »Du kannst wieder glücklich werden. Lass die Armen spüren, dass dein Herz wieder für sie schlagen will. Hilf ihnen mit deinem Geld. Geh zu den Kranken und Hungernden und lerne wieder, die Not der Menschen zu sehen.«

Der Kaufmann tat, wie der Bischof Nikolaus ihm geraten hatte. Mit jedem guten Wort und jeder helfenden Tat schmolz der Stein in seiner Brust tatsächlich, und sein Herz kam wieder an den rechten Fleck.

Als er starb, war aus dem armen Reichen ein reicher Armer geworden.

*(Nach einer alten Legende)*

- **Internet-Links**

Weitere Legenden und Informationen zum heiligen Nikolaus gibt es im Internet unter:

http://www.nikolaus-von-myra.de/index.html

- **Nikolaus-Auftritt**

Der Auftritt des Nikolaus ist wohl zu überdenken. Oft wirkt ein Opa mit Wattebart und rotem Morgenrock eher peinlich oder albern. Es hat sich bewährt, wenn sich ein Mann im Beisein der Kinder als Bischof verkleidet, dabei die Bischofsinsignien (Stab, Mitra) erklärt und von Bischof Nikolaus erzählt: Wann er lebte, welche Geschichten von ihm erzählt werden und was das Besondere an ihm war. Das Vorwissen der Kinder sollte dabei einbezogen werden. Dabei stellt der Nikolaus-Darsteller das »gute Herz« des Mannes heraus, der sich einst als Bischof einen Namen machte durch sein engagiertes Eintreten für Gerechtigkeit, Freiheit und Nothilfe.

- **Nikolaus als Glaubensbote**

Kinder dürfen aber auch wissen, dass Nikolaus Kraft und Beistand erfuhr im Glauben an Gott, den guten Vater, wie Jesus ihn uns ans Herz gelegt hat. Nikolaus war und ist Glaubensbote, damit Gottes Liebe in uns lebendig bleibt. Eine so große Liebe, wie Nikolaus sie offenbar in der Nachfolge Jesu gelebt hat, darf und kann nicht sterben. Sie muss auch in uns weiterleben. Wer seinen Kindern den Nikolausspaß nicht verderben will, darf ihn durchaus als lieb gemeintes Versteckspiel der Eltern mit ihren Kindern augenzwinkernd als Brauchtum pflegen. Doch die dumpfe Ängste schürende Vorstellung, dass der Nikolaus wie der liebe Gott vom Himmel aus alles sieht, was ein Kind auf der Erde sündigt, führt eher zu Verunsicherung. Kinder kehren sich innerlich später davon ab, so dass Eltern als unglaubwürdig entlarvt werden wie einst beim Klapperstorch-Märchen, und dann auch ihrem Gottesglauben nicht mehr vertraut wird.

- **Nikolaus-Sack**

Nikolaus hinterlässt einen Sack mit vielen Päckchen: An jedem Tag bis Weihnachten wird ein Paket geöffnet. Darin findet sich jeweils eine spannende Unterrichtsidee, ein Spielvorschlag, eine nachdenkliche Geschichte oder ein persönliches Geschenk für ein Kind (netter Brief, Kompliment, schöner Auftrag (für zwei), kleine Überraschung). Oder: Wir füllen bis Weihnachten einen leeren Sack mit Geschenken für Not leidende Kinder und informieren uns darüber, wie sie leben und warum sie arm sind.

- **Nikolaus-Interview**

Wer ist auf den Namen Klaus, Claudia, Kolja, Nicole o. ä. getauft? Sie könnten Informationen über ihren Namenspatron erarbeiten und sich als »Nikolaus-Experten« befragen lassen. Auf diesem Weg erfahren Kinder von dem Heiligen, dass er sich für Gerechtigkeit einsetzte und so zum Vorbild wurde. Wir sammeln alle Informationen in einem Nikolausbuch.

- **Nikolaus-Überraschung**

Nikolaus bringt eine große Geschenkkiste mit. Außen steht der Name eines Kindes, das zuerst aufpacken darf. Es findet darein ein zweites Paket, auf dem der Name eines zweiten Kindes steht usw. Erst im letzten Päckchen findet sich eine Überraschung für alle: Ein Geschichtenbuch, eine Spielekartei für die Gruppe oder die Einladung zu einer Klassenfeier.

- **Verpackungen**

Man kann eine interessant gefaltete Schachtel (Pralinen) vorsichtig auftrennen, die neutrale Rückseite anmalen und »auf links« (alle Kanten zur anderen Seite knicken) wieder zusammenkleben, oder die Umrisslinie der aufgefalteten Schachtel auf Tonpapier übertragen, ausschneiden und wie das Original zuvor zu einer Geschenkverpackung zusammenkleben und füllen.

- **Nikolaus für andere spielen**

Eine Gruppe nimmt sich vor, für andere (parallele Gruppe, Eltern oder in einem Altenheim) eine Nikolausfeier, ein Nikolausspiel oder eine kleine Andacht zu gestalten. In der Vorbereitung für die Feier können alle zusammenwirken: Wer bereitet eine Geschichte, Geschenke, Musik/Gesang, Raumschmuck, Nikolausauftritt, Spiel, Bildergeschichte o. Ä. vor?

- **Wichteln**

Wir gestalten einen Nikolausteller (Pappe) oder einen »bunten Schuh« und stellen ihn mit Namen auf die Fensterbank. Über Nacht legt der Spielleiter heimlich einem anderen eine kleine Überraschung hinein: Ein Kompliment, eine Beobachtung: »Ich finde gut, dass du …«, eine Aufgabe: »Du darfst eine Geschichte aussuchen.« Vielleicht verselbstständigt sich die Idee?

## Kompliment-Herzen

Die Texte können als Anregung verwendet und ausgefüllt werden, oder sie können so, wie sie sind, ausgeschnitten und weitergegeben werden.

| | | |
|---|---|---|
| Ich finde dich ganz toll als Freund oder Freundin, weil … | Mir gefällt an dir besonders, dass du … | Du kannst besonders gut … |
| Das würde ich dir gerne schenken, weil man das nicht kaufen kann: … | Ich finde dich großartig, wenn du … | Ich freue mich, wenn du … |
| Ich wäre gerne dein Freund/deine Freundin, weil … | Gut, dass es dich gibt, denn … | Ich spiele gerne mit dir, weil … |
| Ich wünsche dir … | Du bist immer so fröhlich, das … | Ich würde dir gerne helfen … |
| Du bist klasse! | Du lachst so süß! | Du bist die Größte! |
| Ich mag dich gut leiden! | Du bist oft sehr aufmerksam! | Du kannst gut erzählen! |
| Du bist hilfsbereit. | Du bist sehr beliebt, weil du geduldig bist. | Du bist ein aufmerksamer Zuhörer! |
| Du machst uns froh mit deinem Lachen! | Du bist sehr friedfertig! | Ich finde dich stark! |

- **Gut, dass es dich gibt!**

Statt Kinder durch den Nikolaus »vorführen« zu lassen, wird ein »heißer Stuhl« in die Kreismitte gestellt. Wer will, darf sich darauf setzen. Während er dort im Mittelpunkt der Gruppe sitzt, darf er Kinder aufrufen, die sich melden, um sich ein Kompliment geben zu lassen *(keine Negativkritik zulassen!)*: »Ich wünsche dir …«, »Ich mag besonders an dir …«, »Du kannst besonders gut …« Ggf. können die Satzanfänge als Impulse vorgeben werden. Denkbar ist auch, dass dem Kind im Mittelpunkt (eine Minute lang) aufmerksam zugehört wird, wenn es etwas erzählen möchte.

- **Kinder-Nikolaus**

Ehrlich wäre es und konsequent, wenn sich der Leiter, die Lehrerin oder Eltern diesem Spiel stellen. Hier darf vielleicht dann doch einmal nach Süßholz und Komplimenten auch Störendes an der Autoritätsperson liebevoll verpackt vorgetragen werden? Oder der Nikolaus wird zum Fürsprecher und leiht den Sorgen der Kinder sein Ohr: Was habt ihr auf dem Herzen, was ihr mir immer schon einmal im Vertrauen sagen oder bitten wolltet? Daraus kann ein Fürbittgebet in einer Andacht werden.

- **Nikolausspiel**

Eine Nikolausgeschichte wird erarbeitet und nachgestaltet als Rollen- oder Szenenspiel, Bild- oder Bildergeschichte (Folien), Schattenspiel, Hörspiel o. ä. Dabei sind auch Problemgeschichten aus der aktuellen Kinderliteratur denkbar, die mit der Brille eines Herzsehers – wie Nikolaus einer war – betrachtet und im Rollenspiel gelöst werden.

- **Ein neues Nikolauslied lernen**

Viele Nikolauslieder sind verbraucht und werden dem Anspruch des Heiligen selbst nicht gerecht. Wie wäre es mit einem neuen Lied, das nach Ideen von Kindern entstand? Oder wir musizieren und singen alte Nikolauslieder für uns und andere?

## Heimlich, still und leise

Heim - lich, still und lei - se, wie ein En-gel in der Nacht,

heim -lich, still und lei - se hat Ni - ko -laus den Men-schen Glück ge-

bracht! Ni-ko- laus, Ni-ko- laus, komm her-ein, Du sollst uns

Vor - bild sein! Ni - ko - laus, Ni - ko - laus, komm her - ein, Du

sollst uns Vor-bild sein! sollst un-ser Vor-bild sein!

2. Heimlich, still und leise
   sah er die Menschen in der Not.
   Heimlich, still und leise
   teilte er mit anderen sein Brot. *KV*

3. Heimlich, still und leise
   schlich sein Schatten durch die Nacht.
   Heimlich, still und leise
   gab er den Kindern, was er hatt'! *KV*

4. Heimlich, still und leise
   half er den Menschen seiner Zeit.
   Heimlich, still und leise
   weinen Kinder auch noch heut'! *KV*

5. Heimlich, still und leise
   lasst uns den andern Gutes tun.
   Heimlich, still und leise,
   unsre Hände soll'n nicht ruhn. *KV*

6. Heimlich, still und leise
   sind wir beim Helfen nicht allein.
   Heimlich, still und leise
   wird Nikolaus in unsern Herzen sein! *KV*

T. u. M.: Wolfgang Gies © beim Autor

- Einen Nikolaus aus Hefeteig backen

500 g Mehl, 30 g Hefe, 50 g Butter, 50 g Zucker, ⅛–¼ l lauwarme Milch, 1 Ei, 1 Prise Salz, 1 Eigelb

Backblech einfetten, Mehl in eine Schüssel sieben. In die Mitte wird eine Vertiefung gedrückt, in der die zerbröckelte Hefe mit Milch und etwas Mehl leicht verrührt werden. Dieser Vorteig bleibt 15 Minuten zugedeckt stehen.

Butter zerlassen, mit dem Zucker, dem Ei und der Prise Salz verrühren und mit dem Vorteig und dem gesamten Mehl schlagen, bis der Teig Blasen wirft. Während der Backofen auf 200 Grad erhitzt wird, den Teig nochmals 15 Minuten gehen lassen. Dann den Teig ausrollen, zerkleinern und daraus die Nikoläuse formen, mit Eigelb bestreichen und 20–25 Minuten auf dem Backblech backen.

- Teigmischung für einen Lebkuchen

250 g Honig, 125 g Zucker, 2 Esslöffel Öl, 500 g Mehl, 1 Päckchen Backpulver, 1 Päckchen Lebkuchengewürz, 2 Esslöffel Kakao, 1 Ei
Zum Verzieren: Puderzucker, Schokoladenglasuren, bunte Zuckerstreusel, Rosinen, Mandeln, Pistazien, Zitronat

Zuerst Honig, Zucker und Öl in einem Topf schmelzen. Nun das Mehl mit dem Backpulver und dem Kakao auf den Tisch sieben und mit dem Lebkuchengewürz vermischen. In die Mitte eine Vertiefung formen, da hinein die Honigmasse und das Ei geben. Alles zu einem Teig verkneten und auf einer bemehlten Fläche ausrollen. Jetzt Figuren ausstechen oder sie mit Hilfe von Pappschablonen ausschneiden. Das spitze Messer zwischendurch immer wieder in Mehl tunken. Die fertigen Figuren auf ein mit Backpapier ausgelegtes Backblech legen. Backzeit: ca. 10 Minuten bei 200° C, Umluft bei 175° C. Nach dem Backen und Abkühlen die Figuren mit Puderzucker oder Zucker- und Schokoladenglasuren, mit Mandeln, Rosinen, Pistazien, Zitronat verzieren. Sollen die Lebkuchenfiguren als Adventsgruß an einem Tannenzweig hängen, dann vor dem Backen mit einem Zahnstocher ein Loch für den Faden in den Teig stechen. Die gebackenen Lebkuchen am besten in einer Dose luftdicht, kühl und trocken aufbewahren.

# 8.5 Lucia

Dezember

*Name: die Leuchtende*
*Märtyrerin*
*\* um 286 in Syrakus, heute Siracusa in Sizilien*
*† 310 (?)*
*Attribute: Halswunde, Schwert, Lampe, Fackel*
*Patronin von Syracus und Venedig, der Armen, Blinden,*
*kranken Kinder*

Schwedisches Lucia-Mädchen

»Die Dunkelheit wird bald flüchten aus den Tälern der Erde!«, so wird Lucia in Schweden besungen. Dort weckt früh am Luciatag die jüngste Tochter mit einem Lichterkranz auf dem Kopf das Haus und überrascht alle mit Weihnachtsgebäck. Lichterprozessionen bringen dann Licht und Freude dorthin, wo Traurigkeit herrscht. Nach dem alten Kalender galt der 13. Dezember als der kürzeste Tag im Jahr, an dem die Kinder beschert wurden. Der 24. Dezember wurde erst im 16. Jahrhundert Gabentag. In Italien blieb der Luciatag als Tag der Armenspeisung erhalten. Der Legende nach versorgte Lucia Christen in der Nacht mit Lebensmitteln in ihren Verstecken auf Sizilien. Um die Hände frei zu halten, setzte sie sich einen Lichterkranz auf. Die Legenden um die heilige Lucia haben einen historischen Kern. Das belegt die Kirche in Syrakus über ihrer ersten Grabstätte in einer frühchristlichen Katakombe. Ihr Schicksal wurde bestimmt durch den Widerstand der Christen gegen das Kaiseropfer, das Rom jedem Staatsbürger abverlangte: Lucia weihte sich dem Christengott und wollte nur ein ihm wohlgefälliges Opfer bringen. Durch ein Heilungswunder auf einer Wallfahrt zur heiligen Agatha bekehrte sich ihre Mutter zum Christentum, doch der ihrer Tochter versprochene Bräutigam wehrte sich bis aufs Blut gegen die Auflösung des Eheversprechens. Lucia wollte nicht heiraten, um ihr Gelöbnis, Jungfrau zu bleiben, nicht zu brechen. Ihre Mitgift und das Familienvermögen verteilte sie dafür großherzig an Bedürftige und errichtete ein Armen- und Krankenhaus damit. Die Auseinandersetzung mit dem Bräutigam brachte Lucia den Tod nach qualvoller Folter.

## Ideenbaum zum Lichterkranz

- **Der Lichterkranz**

Ein wichtiges ikonografisches Merkmal der Lucia ist ihr Lichterkranz: ein echter Heiligenschein (Nimbus). Lucias großer Gegenspieler war der römische Kaiser, der sich als Gottkaiser anbeten, von Fackelträgern umgeben und mit einem Strahlenkranz abbilden ließ. Jede Münze verlieh seinem geprägten Abbild eine Kreis-Aureole. Wir überlegen und bringen Beispiele ein, wo wir im Alltag dem Lichterkranz begegnen – vom Geburtstagskranz bis zu Harry Potter, der auf seinem »Nimbus 2000+« zwischen Himmel und Erde fliegt.

- **Mehr sein als Schein?**

Maler haben diese Symbolik auch für andere große Persönlichkeiten genutzt, um deren Strahlkraft zum Ausdruck zu bringen. Wir betrachten entsprechende Bilder und entdecken dabei verschiedene Ausdrucksformen. Wichtige Personen tragen leuchtende, mit Edelsteinen besetzte Kronen auf ihrem majestätischen Haupt. Andere heben sich durch besondere Kopfbedeckungen, von der Dienstmütze bis zum Doktorhut, von der Allgemeinheit ab. Kindern ist das Spotlight vertraut. Die Nebelmaschine gehört zur Grundausstattung jeder Showbühne. Menschen erscheinen darin der Wirklichkeit entrückt. In der Antike war ein Nimbus Zeichen der Macht und wurde nur Gottheiten zugesprochen. Es gibt auch die Vermutung, dass ursprünglich Metallscheiben über Götterstatuen angebracht wurden wie Schirme, um sie vor dem Regen zu schützen.

- **Moderne »Heiligenscheine«**

Wir blättern in Illustrierten und suchen nach Darstellungen von Stars und Sternchen. Dabei achten wir besonders auf die bildnerischen Mittel, mit denen die Persönlichkeit herausgestellt wird: Farben, Formen, Schminke, Requisiten, Kleidung, Umgebung und Ausleuchtungen vor allem im Bildhintergrund. Wie wirken diese Darstellungsmittel? Als Gegenprobe können wir die Stars aus ihrem Sternenhimmel um die Köpfe herum ausschneiden und in andere Bildhintergründe drapieren, am Ende alle zusammen in ein Gruppenbild kleben, so dass sich der Einzelne in der Masse verliert. Ist nicht der Fernsehschirm auch eine Art »Aureole«, nur umgekehrt: der Rahmen ist dunkel, aber der Star strahlt selbst auf der Mattscheibe als Lichtgestalt!

## Andacht: Heilige sind Menschen, durch die Gottes Sonne scheint

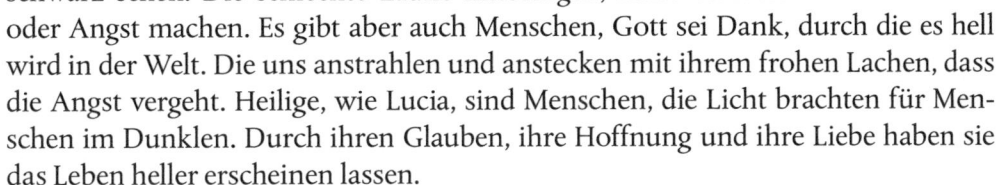

**Lied**  Selig sind, die ein Licht der Hoffnung werden (TfG 624)

### Eröffnung

Es gibt Menschen, in deren Nähe alles finster wird. Die immer alles schwarz sehen. Die schlechte Laune mitbringen, Kälte verbreiten oder Angst machen. Es gibt aber auch Menschen, Gott sei Dank, durch die es hell wird in der Welt. Die uns anstrahlen und anstecken mit ihrem frohen Lachen, dass die Angst vergeht. Heilige, wie Lucia, sind Menschen, die Licht brachten für Menschen im Dunklen. Durch ihren Glauben, ihre Hoffnung und ihre Liebe haben sie das Leben heller erscheinen lassen.

**Lied**  Du bist das Licht der Welt (TfG 1078)

### Schriftwort (nach Matthäus 4,14–16)

Ihr seid das Licht der Welt! Eine Stadt, die auf einem Berge liegt, kann nicht verborgen bleiben. Man zündet auch nicht ein Licht an und stülpt ein Gefäß darüber, sondern man stellt es auf einen Leuchter! Dann leuchtet es allen im Haus. So soll euer Licht vor den Menschen leuchten, damit sie eure guten Werke sehen und euren Vater im Himmel preisen.

### Konkretisierung

*In der Mitte steht eine Kerze (Adventskranz) im verdunkelten Raum. Wir stülpen einen Metalleimer darüber und beobachten, was passiert. Anschließend stellen wir sie auf den umgedrehten Metalleimer und beschreiben den Unterschied. Dann lesen wir noch einmal das Schriftwort und erklären uns die Aufforderung Jesu mit eigenen Worten: Welches Licht meint Jesus, das vor den Menschen leuchten soll? Welche guten Werke können auch wir tun, die »Gott gefallen«, weil sie Licht für andere bedeuten? Wir sammeln weitere Ideen auf Lichtstrahlen (gelbe Tonpapierstreifen) und legen sie zu einer Sonne rund um die Kerze. Am Ende stellen wir Teelichter in einen Außenkranz dazu mit persönlichen Bitten und Wünschen für die Zukunft.*

**Lied**  Ihr seid das Salz der Erde (TfG 620)

### Vaterunser, Segen und Sendung

# Heiligenkalender:
## Eine Auswahl der bedeutendsten Helden und Heiligen

**A**

Hl. Adalbert von Magdeburg (20.6.)
Adam und Eva (24.12.)
Hl. Adelheid (16.12.)
Sel. Adolf Kolping (4.12.)
Hl. Adolf von Osnabrück (13.2.)
Hl. Agatha (5.2.)
Hl. Agnes von Böhmen (2.3.)
Hl. Agnes zu Rom (21.1.)
Hl. Albertus Magnus (15.11.)
Hl. Alexander I. (3.5.)
Hl. Alexander und Brüder (10.7.)
Hl. Alexander von Alexandria (18.4.)
Hl. Alfons Maria di Liguori (1.8.)
Alfred Delp (2.2.)
Hl. Alfred der Große (28.10.)
Aline (Maria Theresia) Bonzel (6.2.)
Hl. Aloisius Gonzaga (21.6.)
Hl. Ambrosius von Mailand (7.12.)
Hl. Andreas (Apostel) (30.11.)
Hl. Angela Merici (27.1.)
Angelikus von Fiesole (Fra Angelico) (18.2.)
Hl. Angelina (10.12.)
Anna und Joachim (26.7.)
Sel. Anna Katharina Emmerick (9.2.)
Hl. Anno von Köln (5.12.)
Hl. Anselm von Canterbury (21.4.)
Hl. Ansgar (3.2.)
Hl. Antonia (6.5.)
Hl. Antonius von Ägypten (Antonius der Große) (17.1.)
Hl. Antonius von Padua (13.6.)
Hl. Arnold Janssen (15.1.)
Hl. Arnold von Arnoldsweiler (18.7.)
Hl. Arnulf von Metz (18.7.)
Hl. Augustinus (28.8.)

Hl. Augustinus von Canterbury (27.5.)
Sel. Aurelia (15.10.)
Hl. Axel (Absalon) von Lund (21.3.)

**B**

Balthasar, Kaspar und Melchior (Hl. Drei Könige) (6.1.)
Hl. Barbara (4.12.)
Hl. Bardo (10.6.)
Hl. Bartholomäus (24.8.)
Hl. Basilius der Große (2.1.)
Hl. Beata (29.7.)
Hl. Benedikt Josef Labre (16.4.)
Hl. Benedikt von Aniane (11.2.)
Hl. Benedikt von Nursia (11.7.)
Hl. Benjamin (31.3.)
Hl. Benno von Meißen (16.6.)
Hl. Bernadette (Marie-Bernard) Soubirous (16.4.)
Hl. Bernhard von Aosta (15.6.)
Hl. Bernhard von Clairvaux (20.8.)
Hl. Bernward von Hildesheim (20.11.)
Hl. Berta von Bingen (28.11.)
Hl. Bertha von Blangy (4.7.)
Hl. Berthold von Kalabrien (29.3.)
Hl. Birgitta von Schweden (23.7.)
Hl. Blasius (3.2.)
Hl. Bonifatius (Winfried) (5.6.)
Hl. Boris von Bulgarien (7.5.)
Hl. Brigitta von Kildare (1.2.)
Hl. Brun (Bruno) von Würzburg (27.5.)
Hl. Bruno der Kartäuser (6.10.)
Hl. Bruno von Köln (11.10.)
Hl. Bruno (Brun) von Würzburg (27.5.)
Hl. Burkhard von Würzburg (2.2.)

## C

Hl. Cäcilia (22. 11.)

Hl. Christian (14. 5.)

Hl. Christiana von Flandern (26. 7.)

Hl. Christiana von Georgien (15. 12.)

Hl. Christina Mirabilis (Christina von Belgien) (24. 7.)

Hl. Christophorus (24. 7.)

Hl. Claudius von Condat (von Besançon) (6. 6.)

Hl. Clemens I. (23. 11.)

Sel. Clemens August Graf von Galen (22. 3.)

Hl. Cordula (22. 10.)

Corin(n)a s. Cordula

## D

Sel. Damian de Veuster (10. 5.)

Hl. Damian und Kosmas (26. 9.)

Daniel (21. 7.)

David (29. 12.)

Debora (21. 9.)

Sel. Diana von Andalo (10. 6.)

Hl. Dietrich (Theoderich) von Reims (1. 7.)

Hl. Dominikus Guzmán (8. 8.)

Hl. Dominikus Savio (9. 3.)

Hl. Don Bosco (Johannes Bosco) (31. 1.)

Hl. Dorothea (6. 2.)

Hl. Drei Könige (Kaspar, Melchior und Balthasar) (6. 1.)

## E

Hl. Edeltraud (Etheldreda) (23. 6.)

Hll. Edith und Elfriede von Caestre (8. 12.)

Hl. Edith Stein (9. 8.)

Hl. Edmund von Ostanglien (20. 11.)

Hl. Eduard (der Bekenner) (13. 10.)

Hl. Eduard von England (18. 3.)

Hl. Edwin (12. 10.)

Hl. Egbert von Irland (24. 4.)

Hl. Eleonore von England (25. 6.)

Hll. Elfriede und Edith von Caestre (8. 12.)

Hl. Elfriede von England (20. 5.)

Elias (20. 7.)

Elisabeth und Zacharias (5. 11.)

Hl. Elisabeth von Thüringen (19. 11.)

Elischa (14. 6.)

Hl. Engelbert von Köln (7. 11.)

Hl. Erasmus (Elmo) (2. 6.)

Hl. Erhard von Regensburg (8. 1.)

Sel. Ernst von Prag (30. 6.)

Esther (24. 5.)

Hl. Eugen von Mazenod (21. 5.)

Hl. Eugenia von Hohenburg (26. 9.)

Hl. Eugenia von Rom (25. 12.)

Eva und Adam (24. 12.)

## F

Hl. Fabian (20. 1.)

Hl. Fabiola (27. 12.)

Sel. Falko (6. 6.)

Hl. Felix I (30. 12.)

Hl. Felix von Cantalice (18. 5.)

Hl. Felizitas und ihre Söhne (23. 11.)

Hl. Ferdinand III. von Léon und Kastilien (30. 5.)

Hl. Fina (12. 3.)

Hl. Florian und die Märtyrer von Lorch (4. 5.)

Hl. Franka (25. 4.)

Hl. Franz de Hieronymo (11. 5.)

Hl. Franz von Assisi (4. 10.)

Franz von Sales (24. 1.)

Hl. Franz Xaver (3. 12.)

Hl. Franziska von Rom (9. 3.)

Hl. Franziska Salesia (Léonie) Aviat (10. 1.)

Hl. Franziska Xaviera Cabrini (22. 12.)

Hl. Fridolin von Säckingen (6. 3.)

Sel. Friedrich von Hirsau (8. 5.)

Sel. Friedrich von Lüttich (27. 5.)

Sel. Friedrich von Mariengaarde (3. 3.)

**G**

Hl. Gabriel, Michael und Raphael (29. 9.)
Hl. Genovefa (3. 1.)
Hl. Georg (23. 4.)
Hl. Gereon von Köln (10. 10.)
Sel. Gerfried von Münster (12. 9.)
Sel. Gerhard von Clairveaux (13. 6.)
Hl. Gero von Köln (28. 6.)
Hl. Gerold von Köln (7. 10.)
Hl. Gertrud von Altenberg (13. 8.)
Hl. Gertrud von Helfta (die Große) (17. 11.)
Hl. Gertrud von Nivelles (17. 3.)
Hl. Gisbert (Cuthbert) von Lindisfarne
    (20. 3.)
Sel. Gisela (7. 5.)
Hl. Gottfried von Amiens (8. 11.)
Hl. Gottfried von Cappenberg (13. 1.)
Hl. Gregor der Große (3. 9.)
Hl. Gregor von Nazianz der Jüngere (2. 1.)
Hl. Guntram (28. 3.)
Hl. Gustav (10. 3.)

**H**

Hannah (3. 2.)
Harald von Dänemark (Harald Blauzahn)
    (1. 11.)
Hl. Hedwig von Polen (17. 7.)
Hl. Hedwig von Schlesien (von Andechs)
    (16. 10.)
Hl. Heinrich II. (13. 7.)
Heinrich Richter (4. 4.)
Hl. Heinrich von Uppsala (19. 1.)
Hl. Helena (18. 8.)
Hl. Helga (Olga) (11. 7.)
Sel. Helga (Ilga) von Schwarzenberg (8. 6.)
Hl. Helmut (Helmstan) (29. 3.)
Henrika (Katharina) Fassbender und
    Gefährtinnen (6. 12.)
Hl. Heribert von Köln (16. 3.)
Hl. Heriburg von Nottuln (16. 10.)
Hl. Hermann Joseph (21. 5.)

Hildegard von Bingen (17. 9.)
Hl. Hiltrud von Liessies (27. 9.)
Hl. Hubert von Lüttich (3. 11.)
Hl. Hugo von Bonnevaux (1. 4.)
Hl. Hugo von Cluny (28. 4.)
Hl. Hugo von Grenoble (1. 4.)

**I**

Hl. Ida von Herzfeld (4. 9.)
Hl. Ignatius von Antiochien (17. 10.)
Hl. Ignatius von Loyola (31. 7.)
Hl. Ingeborg (30. 7.)
Hl. Irenäus von Lyon (28. 6.)
Hl. Irene von Thessaloniki und Geschwister
    (1. 4.)
Hl. Irmgard (20. 3.)
Hl. Irmgard von Aspel (Irmgard von Köln)
    (19. 2.)
Isaak (25. 3.)
Hl. Isaac Jogues (19. 10.)
Sel. Isabella (Elisabeth) von Frankreich
    (22. 2.)
Hl. Isidor von Sevilla (4. 4.)
Hl. Ivo Hélory (19. 5.)
Hl. Ivo von Chartres (23. 12.)

**J**

Hl. Jakobus der Ältere (25. 7.)
Hl. Jakobus der Jüngere und Philippus (3. 5.)
Hl. Jeanne d'Arc (Johanna von Orléans,
    Jeanne la Pucelle) (30. 5.)
Hl. Joachim und Anna (26. 7.)
Hl. Jobst (Jost, Jodok, Judok) (13. 12.)
Hl. Jodok (Judok, Jobst, Jost) (13. 12.)
Joel (13. 7.)
Hl. Johanna von Orléans (Jeanne d'Arc,
    Jeanne la Pucelle) (30. 5.)
Hl. Johannes (Apostel) (27. 12.)
Sel. Johannes XXIII. (3. 6.)
Hl. Johannes Bosco (Don Bosco) (31. 1.)

Hl. Johannes Chrysostomus (13.9.)
Hl. Johannes der Täufer (24.6.)
Hl. Johannes Klimakos (30.3.)
Hl. Johannes Maria Vianney (Pfarrer von
    Ars) (4.8.)
Hl. Johannes Nepomuk (16.5.)
Hl. Johannes Nepomuk Neumann (5.1.)
Hl. Johannes Scotus (10.11.)
Hl. Johannes vom Kreuz (14.12.)
Jona (Jonas) (21.9.)
Hl. Jonas von Ägypten (11.2.)
Hl. Josef (19.3.)
Hl. Jost (Jodok, Judok, Jobst) (13.12.)
Hl. Judas Thaddäus und Simon (der Zelot)
    (28.10.)
Hl. Julia von Karthago (22.5.)
Hl. Julia von Korsika (22.5.)
Hl. Julian von Le Mans (27.1.)
Hl. Juliana von Lüttich (5.4.)
Hl. Julianus Hospitator (29.1.)
Hl. Julianus von Antinoë (9.1.)
Hl. Julius I. (12.4.)
Hl. Julius von Rom (28.12.)
Hl. Justin (1.6.)
Hl. Justina von Padua (7.10.)
Sel. Jutta von Disibodenberg (22.12.)
Sel. Jutta von Heiligenthal (29.11.)
Sel. Jutta von Sangershausen (5.5.)


**K**

Hl. Karl Borromäus (4.11.)
(Hl.) Sel. Karl der Große (28.1.)
Sel. Karl Leisner (12.8.)
Hl. Kasimir (4.3.)
Kaspar, Melchior und Balthasar (Hl. Drei
    Könige) (6.1.)
Hl. Kaspar del Bufalo (28.12.)
Hl. Katharina von Alexandria (25.11.)
Hl. Katharina von Schweden (24.3.)
Hl. Katharina von Siena (29.4.)
Hl. Katherine Maria Drexel (3.3.)

Hl. Kilian und Gefährten (8.7.)
Hl. Klara von Assisi (11.8.)
Hl. Klemens Maria Hofbauer (15.3.)
Hl. Knud von Dänemark (10.7.)
Hl. Konrad von Konstanz (26.11.)
Hl. Konrad von Parzham (21.4.)
(Hl.) Konstantin der Große (21.5.)
Hl. Kornelius (16.9.)
Hl. Kunibert (12.11.)
Hl. Kunigunde (13.7.)


**L**

Hl. Lambert von Maastricht (18.9.)
Hl. Lara (Larissa) (26.3.)
Hl. Larissa (Lara) (26.3.)
Hl. Laura von Córdoba (19.10.)
Hl. Laurentius (10.8.)
Hl. Laurentius von Brindisi (21.7.)
Hl. Lea von Rom (22.3.)
Hl. Leander von Sevilla (13.3.)
Lena (s. Maria Magdalena od. Helena)
Hl. Leo I. (der Große) (10.11.)
Hl. Leo III. (12.6.)
Hl. Leo IX. (19.4.)
Hl. Leodegar (Lutgar, Léger) (2.10.)
Hl. Leonhard von Limoges (von Noblac)
    (6.11.)
Hl. Léonie (Franziska Salesia) Aviat (10.1.)
Hl. Linus (23.9.)
Hl. Lioba (28.9.)
Hl. Lothar von Sées (15.6.)
Hl. Louise de Marillac (15.3.)
Hl. Ludwig Maria Grignion de Montfort
    (28.4.)
Ludwig IV. von Thüringen (der Hl.) (11.9.)
Hl. Ludwig IX. (der Hl.) (25.8.)
Hl. Luitgard von Tongeren (16.6.)
Hl. Lukas (18.10.)
Hl. Luzia (13.12.)
Hl. Lydia (3.8.)

## M

Hl. Magdalena Sophie Barat (24. 5.)
Hl. Magdalena von Canossa (10. 4.)
Hl. Magnus (6. 9.)
Hl. Magnus von Schottland (16. 4.)
Hl. Marcella (31. 1.)
Hl. Marcellinus und Petrus (2. 6.)
Hl. Marcellus I. (16. 1.)
Hl. Margareta Bourgeoys (12. 1.)
Hl. Margareta von Cortona (22. 2.)
Hl. Margareta von Schottland (16. 11.)
Hl. Maria (12. 9.)
Hl. Maria die Büßerin und Abraham von Kiduna (16. 3.)
Hl. Maria Goretti (6. 7.)
Hl. Maria Josepha Rossello (7. 12.)
Hl. Maria Magdalena (22. 7.)
Hl. Maria Magdalena Postel (16. 7.)
Hl. Maria Rosa Julia Billiart (8. 4.)
Maria Theresia (Aline) Bonzel (6. 2.)
Hl. Maria Anna von Quito (26. 5.)
Hl. Marie von der Menschwerdung (Barbe Acarie) (18. 4.)
Hl. Marie-Bernard (Bernadette) Soubirous (16. 4.)
Hl. Marina (17. 7.)
Hl. Marius und Hl. Martha (19. 1.)
Hl. Markus (25. 4.)
Hl. Martha von Bethanien (29. 7.)
Hl. Martha und Hl. Marius (19. 1.)
Hl. Martin I. (13. 4.)
Hl. Martin von Porres (3. 11.)
Hl. Martin von Tours (11. 11.)
Hl. Martina (30. 1.)
Hl. Maternus von Köln (14. 9.)
Hl. Mathilde (14. 3.)
Hl. Matthäus (21. 9.)
Hl. Matthias (Apostel) (24. 2.)
Hl. Maximilian vom Pongau (12. 10.)
Hl. Maximilian Kolbe (14. 8.)
Hl. Maximin (29. 5.)
Sel. Mechthild von Magdeburg (15. 8.)

Hl. Medardus von Noyon (8. 6.)
Hl. Meinolf von Paderborn (5. 10.)
Hl. Meinrad von Reichenau (21. 1.)
Melchior, Balthasar und Kaspar (Hl. Drei Könige) (6. 1.)
Hl. Michael, Gabriel und Raphael (29. 9.)
Hl. Monika (27. 8.)

## N

Hl. Natalie (1. 12.)
Sel. Niels Stensen (25. 11.)
Sel. Nikolaus Groß (23. 1.)
Hl. Nikolaus von Flüe (Bruder Klaus) (25. 9.)
Hl. Nikolaus von Myra (6. 12.)
Hl. Norbert von Xanten (6. 6.)

## O

Hl. Odilia (Ottilie) (13. 12.)
Hl. Odo von Cluny (18. 11.)
Hl. Odo von Urgel (7. 7.)
Hl. Olga (Helga) (11. 7.)
Hl. Olivia (5. 3.)
Hl. Olivia (10. 6.)
Hl. Oswald von York (29. 2.)
Hl. Otmar von Sankt Gallen (16. 11.)
Hl. Ottilie (Odilia) (13. 12.)
Sel. Otto Neururer (30. 5.)
Hl. Otto von Bamberg (30. 6.)

## P

Hl. Patricia (25. 8.)
Hl. Patrick (17. 3.)
Hl. Paulus und Petrus (29. 6.)
Hl. Paulus und Johannes von Rom (26. 6.)
Hl. Petrus Canisius (27. 4.)
Hl. Petrus Chrysologus (30. 7.)
Hl. Petrus Damiani (21. 2.)
Hl. Petrus (Pierre) Fourier (9. 12.)
Hl. Petrus Martyr (Petrus von Verona) (6. 4.)

Hl. Petrus und Marcellinus (2.6.)
Hl. Petrus und Paulus (29.6.)
Hl. Petrus II. von Sebaste (09.1.)
Hl. Petrus von Verona (Petrus Martyr) (6.4.)
Hl. Philipp Neri (26.5.)
Hl. Philipp von Zell (3.5.)
Hl. Philippus und Jakobus der Jüngere (3.5.)
Hl. Pierre Chanel (28.4.)
Hl. Prisca (18.1.)


**R**

Rahel (11.7.)
Hl. Raimund von Peñafort (7.1.)
Sel. Rainer von Osnabrück (11.4.)
Hl. Raphael, Michael und Gabriel (29.9.)
Rebekka (30.8.)
Hl. Rebekka Ar-Rayyès (23.3.)
Hl. Regina (7.9.)
Hl. Reginhard (Reinhard) von Lüttich
    (5.12.)
Hl. Reinhold (Reinold, Reinald) von Köln
    (7.1.)
Hl. Richard (3.4.)
Hl. Richard von England (7.2.)
Hl. Richard Pampuri (1.5.)
Hl. Richardis (18.9.)
Hl. Rita von Cascia (22.5.)
Hl. Robert von Newminster (7.6.)
Sel. Roger le Fort (1.3.)
Hl. Roland von Medici (15.9.)
Hl. Romanus und Hl. Lupicinus (28.2.)
Hl. Rosa von Lima (23.8.)
Hl. Rosalia von Palermo (15.7.)
Hl. Rosina (11.3.)
Roswitha von Gandersheim (5.9.)
Sel. Rupert Mayer (1.11.)
Hl. Rupert von Bingen (15.5.)
Hl. Rupert von Salzburg (24.9.)
Ruth (1.9.)

**S**

Hl. Sabina (29.8.)
Hl. Sabinus von Spoleto (30.12.)
Sara (9.10.)
Hl. Sebastian (20.1.)
Hl. Servatius (13.5.)
Hl. Severin (8.1.)
Hl. Severin von Köln (23.10.)
Hl. Severus von Ravenna (1.2.)
Hl. Siegfried (Sigurd) von Schweden (15.2.)
Hl. Sibylle von Gages (9.10.)
Hl. Silas (Silvanus) (13.7.)
Hl. Silvanus (Silas) (13.7.)
Hl. Silvester I (31.12.)
Hl. Simeon von Jerusalem (8.10.)
Hl. Simeon von Trier (1.6.)
Hl. Simon (der Zelot) und Judas Thaddäus
    (28.10.)
Hl. Simon (Bruder des Herrn) (18.2.)
Hl. Simon von Trient (24.3.)
Hl. Sophia und ihre Töchter (30.9.)
Hl. Sophia von Rom (15.5.)
Hl. Magdalena Sophie Barat (24.5.)
Hl. Stephanus (26.12.)
Hl. Stephan I. von Ungarn (16.8.)
Susanna (19.12.)
Hl. Susanna von Rom (11.8.)


**T**

Tanja s. Tatjana
Sel. Tassilo III. von Bayern (11.12.)
Hl. Tatjana von Rom (12.1.)
Hl. Thekla (23.9.)
Hl. Theodor von Euchaita (9.11.)
Hl. Theodor von Canterbury (19.9.)
Theresia Eustochium Verzeri (1.3.)
Hl. Theresia von Avila (15.10.)
Hl. Theresia von Jesus (Teresa Jornet y
    Ibars) (26.8.)
Hl. Theresia von Lisieux (vom Kinde Jesus)
    (1.10.)

Hl. Thomas (3.7.)
Hl. Thomas Becket (29.12.)
Thomas Hemerken von Kempen (25.7.)
Hl. Thomas Morus (22.6.)
Hl. Thomas von Aquin (28.1.)
Hl. Till (Gilles, Ägidius) (1.9.)
Hl. Timotheus (Tim) (26.1.)
Hl. Titus (26.1.)
Tobias (14.9.)

**U**

Hl. Ulrich von Augsburg (4.7.)
Hl. Ulrich von Zell (14.7.)
Sel. Ulrika von Hegne (Ulrika Nisch) (8.5.)
Hl. Urban I. (25.5.)
Hl. Ursula und Gefährtinnen (21.10.)

**V**

Hl. Valentin von Rätien (7.1.)
Hl. Valentin von Terni (14.2.)
Hl. Valerius von Trier (29.1.)
Hl. Veit (Vitus) (15.6.)
Hl. Verena (1.9.)
Hl. Veronika Giuliani (9.7.)
Hl. Veronika von Jerusalem (4.2.)
Hl. Viktor von Xanten und Gefährten
      (10.10.)
Hl. Viktoria von Rom (23.12.)
Hl. Vincentia Gerosa (28.6.)
Hl. Vinzenz Pallotti (22.1.)
Hl. Vinzenz von Paul (27.9.)
Sel. Volker (7.3.)

**W**

Hl. Walburga von Heidenheim (25.2.)
Hl. Walter von Pontoise (8.4.)
Hl. Waltraud von Mons (9.4.)
Hl. Wendelin (Wendalinus) (20.10.)
Hl. Wenzel (Wenzeslaus) von Böhmen
      (28.9.)
Sel. Werner von Ellerbach (4.6.)
Sel. Werner von Oberwesel (19.4.)
Hl. Wilfried (Wilfrith) von York (24.4.)
Hl. Wilhelm von Aebelholt (6.4.)
Hl. Wilhelm von Aquitanien (28.5.)
Hl. Wilhelm von Bourges (von Donjeon)
Hl. Wilhelm von Malavalle (10.2.)
Hl. Wilhelm von Sankt-Bénigne (1.1.)
Hl. Wilhelm von Vercelli (24.6.)
Hl. Willibald (7.7.)
Hl. Winfried (Bonifatius) (5.6.)
Hl. Wolfgang von Regensburg (31.10.)
Hl. Wolfhard (27.10.)
Hl. Wolfram (Wulfram) (20.3.)

**Y**

Yvonne s. Ivo

**Z**

Hl. Zacharias (15.3.)
Zacharias und Elisabeth (5.11.)
Hl. Zita (27.4.)
Hl. Zoë und Gefährten (2.5.)

Weitere Namen im Internet z.B. unter:
http://www.heiligenlexikon.de
http://www.heilige.de
http://www.autobahnkirche.de/info-container/hk/info-namen-index.html